Edith Maria Sauerbier
Zuhause sein

Edith Maria Sauerbier

Zuhause sein

Über die Reise einer Seele auf die Erde

Impressum

Bibliografische Information der Deutschen Nationalbibliothek: Die Deutsche Nationalbibliothek verzeichnet diese Publikation in der Deutschen Nationalbibliografie; detaillierte bibliografische Daten sind im Internet über http://dnb.dnb.de abrufbar.

Die automatisierte Analyse des Werkes, um daraus Informationen insbesondere über Muster, Trends und Korrelationen gemäß §44b UrhG („Text und Data Mining") zu gewinnen, ist untersagt.

© 2024 Edith Maria Sauerbier

Verlag: BoD · Books on Demand GmbH, In de Tarpen 42, 22848 Norderstedt

Druck: Libri Plureos GmbH, Friedensallee 273, 22763 Hamburg

ISBN: 978-3-7693-0133-5

Inhaltsverzeichnis

Das Finden am Anfang	9
Die Geburt	15
Das Geburtsfest	19
Wohnen im Menschenkörper	24
Heimisch werden	32
Urgrossmutters Sterben	36
Ein ernsthaftes Gespräch	42
Iris lernt laufen	47
Die Urgroßmutter ist da	52
Alles ist Energie	56
Iris wird krank	60
Weihnachten: Gott ist im Kleinen lebendig	67
Iris trifft Kim	72
Nachwuchs kündigt sich an	78
Zu Besuch bei Kim	82
Das kleine Volk	87
Iris Geburtstag	93

☆ Vorwort

Die Geschichten über die kleine Seele, die auf der Erde geboren wird und dabei einiges erlebt, sind durch ein Gespräch ausgelöst worden, das ich mit meiner Cousine führte. Ihre Töchter waren im Alter von drei und sechs Jahren und sie war traurig darüber, die Einzige zu sein, die ihren Mädchen von den Welten hinter der sichtbaren Welt erzählt.

So schrieb ich die folgenden Geschichten – und ich wünsche Dir viel Freude damit! Mögen sie Saiten in Dir zum Klingen bringen, vielleicht Erinnerungen wach werden lassen und Dir das eine oder andere Schmunzeln entlocken!

Ich freue mich, wenn Du sie weitergibst an andere.

Edith Maria Sauerbier

Das Finden am Anfang

Es war einmal eine kleine Seele, die sich im Zwischenraum aufhielt. Der Zwischenraum ist der Ort, an dem die Seelen warten, bis sie wieder auf die Erde oder in eine andere Welt auf einen anderen Stern kommen können. Die Menschen sehen den Zwischenraum als Sternenzelt – und manche von ihnen glauben auch daran, dass jeder Stern eine Seele ist.

Diese kleine Seele machte manchmal Ausflüge auf die Erde, wo sie sich dann für die Menschen unsichtbar aufhielt, und sich umschauen konnte, wo denn der Platz wäre, an dem sie das nächste Mal ihr Erdenleben beginnen könnte.

Ein Erdteil hatte es ihr besonders angetan, der hieß in der Menschensprache Europa – und war von ganz vielen Menschen bewohnt. Die Seele spürte, dass es dort für sie eine Aufgabe geben könnte und dass es dort etwas für sie zu lernen geben könnte. Auch wusste sie, dass dort schon viele Menschen lebten, die sie von früheren Begegnungen kannte.

Denn es ist so, dass sich Seelen immer wieder treffen, manchmal verabreden sie sich auch. Das tun sie, weil sie sich lieben und weil sie miteinander lernen wollen. Wenn sie

dann Menschen sind, kann es gut sein, dass sie es vergessen haben oder nicht mehr so genau wissen, aber manchmal wissen sie es noch.

Und diese kleine Seele wusste, dass sie auf jeden Fall bei zwei Menschen leben wollte, die jetzt Lilia und Marco hießen. Die beiden lebten in einem Land, das Deutschland heißt, und zwar auf dem Land. Da Lilia Pferde liebte, hatte sie entschieden, Reitlehrerin zu werden. Sie unterrichtete besonders gerne Kinder. Marco war ein Mensch, der gerne mit Pflanzen umging und hatte eine Gärtnerei, in der er viele bunte Blumen züchtete und auch verkaufte.

Die beiden hatten sich vor wenigen Jahren getroffen und sich ineinander verliebt. Nun lebten sie zusammen auf einem Hof mit vielen Blumenbeeten und Gewächshäusern – und natürlich mit einem Pferdestall und vielen Wiesen für die Pferde.

Die beiden wünschten sich sehnlich ein Kind.

Als die kleine Seele bei einem ihrer letzten Ausflüge über den Hof flog und die vielen Blumen sah und auch die fröhlichen Pferde, sie hatte sich die Menschen genauer angeschaut, die dort lebten – und entdeckt, dass sie die beiden Seelen waren, die sie wieder treffen wollte, ... nun waren sie Lilia und Marco.

Nun wusste die kleine Seele, dass sie Abschied nehmen konnte vom Sternenzelt, in dem sie mit anderen Sternen zusammen blinkte und manchmal ziemlich viel Spaß mit ihnen zusammen hatte, z. B. wenn sie Sternschnuppen spielten und für die Menschen einen

Sternenregen am Himmel erscheinen ließen, weil sie ein Wettrennen veranstalteten und darum wetteiferten, welcher Stern denn am schnellsten hinter einem ganz bestimmten großen Planeten verschwinden konnte. Manchmal spielten sie auch andere Spiele, in dem sie zum Beispiel die Wolken benutzten, um sich voreinander zu verstecken – der kleinen Seele machte es viel Spaß, eine Sternenfreundin oder einen Sternenfreund zu suchen. Außerdem mochte sie es sehr, so frei im Himmel sein zu können. Sie liebte die Sonne und freute sich immer wieder über ihre Kraft – und versuchte oft, ganz nahe an sie heranzukommen, aber meist wurde ihr dann zu heiß und sie tauchte lieber wieder in eine Wolke ein. Aber nun hieß es Abschied nehmen.

Damit es ihr leichter fiel, besuchte sie Lilia und Marco oft und schaute ihnen zu. Sie mochte es, wenn Marco seine Pflanzen goss und mit ihnen erzählte. Ja, das war etwas ganz Besonderes: Marco redete mit seinen Blumen. Neulich hatte sie gehört, wie er einem ganz kleinen Rosenstock gesagt hatte. „Komm, du Kleiner, ich sehe, dass du noch etwas Wasser brauchst... und wie schön deine Blätter sind, jedes Blatt hat seine eigene Form... und jetzt sehe ich schon deine erste Knospe. Ich bin ganz gespannt, welche Farbe deine Blüte haben wird... und ich freue mich schon jetzt, sie das erste Mal zu sehen ... vielleicht duftet sie ja auch... ja, komm, du kleine Knospe, wachse... Ich erwarte dich."

Die kleine Seele war davon gerührt und sie sah, wie sich der Rosenstock freute. Sie konnte leider nicht so nahe heranfliegen, um das leise Wispern der Rose zu hören, mit dem sie Marco antwortete, aber sie sah, dass die kleine Pflanze unter der liebevollen Zuwendung

von Marco richtig leuchtete, immer heller wurde und sich streckte, als wolle sie jetzt schneller wachsen, damit die Knospe sofort zur Blüte werden konnte.

Einmal hatte sie auch Lilia beobachtet, als sie ihr Pferd Amea bürstete. Ameas Fell glänzte danach wie ein Kristall – und die kleine Seele verstand, warum Lilia ihr diesen Namen gegeben hatte. Amea war die Kurzform für Amethyst. Lilia war sehr liebevoll mit Amea. Sie sprach mit ihr, fragte sie, was sie denn noch brauchte, und schien auch zu verstehen, was Amea ihr antwortete. Die beiden hatten die Köpfe so nahe beieinander, dass die kleine Seele sie nicht hören konnte. Sie sah aber, dass beide wie von einer hellen Wolke umfangen waren, als würde ihre Liebe und Zuneigung wie ein Feld um sie herum zu sehen sein.

Die kleine Seele freute sich sehr, dass aus ihren alten Freunden so liebe Menschen geworden waren und war sich sicher, dass sie genau dort wieder geboren werden wollte – als Tochter von Lilia und Marco. Es war ein gutes Gefühl, den richtigen Platz gefunden zu haben – und sie flog einige Zeit zwischen dem Sternenzelt mit ihren Sternenfreundinnen und – freunden sowie dem Hof von Lilia und Marco hin und her.

Dann war irgendwann klar, dass es nun Zeit dafür war, dass in Lilias Körper ein kleiner Mädchenkörper heranwächst, in dem die kleine Seele wohnen würde. Marco und Lilia waren in der Zeit sehr viel zusammen, da es Herbst war und draußen auf dem Hof nicht so viel Arbeit war. Sie saßen viel zusammen an ihrem Ofen, hatten ihren Kater auf dem Schoß und kuschelten sich alle aneinander.

Als die kleine Seele spürte, dass es nun Zeit war, auch in den kleinen Körper einzuziehen, war sie total froh und total traurig – sie kannte dieses Gefühl schon von früher und trotzdem tat es auch dieses Mal sehr weh, sich von der Sternenwelt zu verabschieden und in einen Körper einzuziehen. Sie wusste, dass sie noch einige Jahre hin und her gehen konnte zwischen den Welten und das tröstete sie sehr.

Außerdem gab es ihren Schutzengel, der ihr auch dieses Mal versprach: „Hei, ich bin bei dir, ich komme mit dir und jedes Mal, wenn du mich rufst, komme ich zu dir, zeige mich dir und öffne dir auch wieder die Tür zum Sternenhimmel. Du bist ein Kind beider Welten – der Erde und des Himmels. Und tief in dir weißt du das... also, sei nicht traurig. Komm wir überlegen einen Namen für mich, mit dem du mich rufen kannst..." Die kleine Seele überlegte nicht lange, dann war klar, sie wollte ihrem Schutzengel den Namen Isis geben.

Sie wusste, dass Isis in einem Land, das Ägypten heißt, eine Göttin war, von der die Menschen glaubten, dass sie zwischen den Welten hin und her gehen konnte. Und genau das wünschte sich die kleine Seele, dass ihr Schutzengel ihr half, zwischen den Welten hin und her zu gehen.

Ihr Schutzengel freute sich über diesen Namen und nahm ihn gerne an – als Engel wusste er, dass der Name letztlich nicht wichtig war. Er würde immer die Stimme erkennen, egal welchen Namen die kleine Seele rufen würde. Und er würde immer die Liebe erkennen, mit der ihn die kleine Seele rufen würde und auf diese hören. Aber er freute sich sehr, dass die kleine Seele ihm diesen Namen gab, weil er passte.

Nach dem Gespräch mit Isis fühlte sich die kleine Seele stark und geschützt genug, sich auf das Leben mit Lilia und Marco einzulassen – und sie blieb immer länger bei dem kleinen Körper, der in Lilia heranwuchs. So wurden sie langsam miteinander vertrauter.

Eines Abends, als die kleine Seele mit im Schlafzimmer der beiden war, hörte sie, wie Marco sagte. „Du, Lilia, manchmal habe ich das Gefühl, ich sehe ein kleines Mädchen vor mir an deiner Hand, die mich mit großen blauen Augen anschaut, ... diese Augen sind so blau, dass ich darin versinken könnte... als kämen sie gerade aus dem Sternhimmel. Verstehst du, was ich meine?"

Lilia antwortete ihm: „Ja, Marco, ich weiß. Ich bin auch sicher, dass wir eine Tochter bekommen – ich habe auch das Gefühl, dass sie vom Himmel zu uns kommt... vielleicht kommt sie ja zu uns, weil du gerne in der Erde wühlst, richtig hier zuhause bist... und weil ich so viel verstehe durch meine Arbeit mit den Tieren und den Kindern... weißt du, wenn sie wirklich blaue Augen hat, sollen wir sie dann nicht Iris nennen wie deine Lieblingsblumen?"

Die kleine Seele freute sich arg, als sie die beiden hörte, und hätte sich so gerne gezeigt und verständlich gemacht, aber das Einzige, was sie veranlassen konnte, war, dass der kleine Körper in Lilias Bauch ganz wild strampelte vor lauter Freude – und zwar so stark, dass Lilia erschrak, aber dann erleichtert lachte und Marcos Hand auf ihren Bauch legte, damit er auch das Baby spürte. Marco freute sich, dass er das Baby unter seinen Händen durch die Bauchdecke hindurch fühlen konnte und meinte zu Lilia: „Ja, vielleicht ist das wirklich ihr Name!"

Die kleine Seele war damit zufrieden und ruhte sich erst einmal aus. Dazu rief sie den Schutzengel und Isis nahm sie in die Arme und so blieben sie beide in einer Ecke des Schlafzimmers. Der Kater spürte, dass die kleine Seele da war und kam zu ihr in die Ecke, suchte sich sein Plätzchen, rollte sich ein und schnurrte ganz tief, bevor er einschlief.

☆ Die Geburt

Die kleine Seele hielt sich zunehmend in der Nähe von Lilia auf. Ihre liebste Sternenfreundin war darüber manchmal richtig traurig, aber sie verstand, dass die kleine Seele immer mehr bei Lilia und dem heranwachsenden Körper sein musste, damit sie mit dem Leben auf der Erde vertrauter wurde und damit Lilia sich auch an den Gedanken gewöhnen konnte, dass sie bald ein Kind haben würde.

Außerdem bereitete sie sich auch auf ihre nächste Station vor – sie besuchte immer wieder einen Ort in Indien, einem großen Land, mehrere Stunden mit dem Flugzeug von

Deutschland entfernt, und sie freute sich ebenfalls sehr, den richtigen Ort gefunden zu haben. Sie würde bei einer Familie auf dem Land leben, die schon sechs Kinder hatte. Dort würde sie als Sohn geboren werden, ... aber das ist eine andere Geschichte.

Die kleine Seele begleitete Lilia jetzt ganz oft den ganzen Tag über. Sie sah, dass es Lilia morgens oft ganz schlecht war, dass sie sich vor manchen Lebensmitteln ekelte, so konnte sie den Geruch von Knoblauch überhaupt nicht leiden. Wenn sie ihn roch, musste immer ganz schnell auf die Toilette rennen und sich übergeben.

Als Lilia beim Arzt war, hatte dieser ihr gesagt, dass das völlig normal sei, was die kleine Seele sehr erleichterte, denn als das die ersten Male passierte, war sie richtig erschrocken.

Mittlerweile konnte man schon sehen, dass in Lilias Bauch ein Kind heranwuchs. Sie wurde dicker und wenn sie nackt war, sah es aus, als hätte sie einen großen Ball verschluckt. Manchmal hob sich die Bauchdecke und es gab Beulen in ihr, wenn das Kleine in ihr strampelte. Dann war Lilia jedes Mal richtig froh. Falls Marco in der Nähe war, ging sie zu ihm, damit er es sah und fühlen konnte, wenn er die Hand auf ihren Bauch legte.

Lilia ritt mit ihrem Bauch nicht mehr, aber sie besuchte Amea und erzählte ihr, warum sie sie im Moment nicht reiten konnte. Da schnaubte Amea ganz tief und die kleine Seele hatte das Gefühl, dass Amea genau verstand, was Lilia sagte. Beide waren ein wenig traurig darüber.

Marco hatte angefangen, ein Zimmer im Haus zu streichen, sie hatten sich für die Farbe Gelb entschieden, weil sie wollten, dass ihr Kind in einem hellen und freundlichen Zimmer wohnte. Gestern war er mit Lilia zusammen einkaufen gewesen und sie hatten auch Möbel ausgesucht. Dabei waren sie in der Abteilung gewesen, wo es Spieluhren zu kaufen war. Da gab es welche, in der Form von Teddybären, Hasen und anderen Tieren. Sie spielten, wenn man sie aufzog, ganz unterschiedliche Melodien.

Am besten gefiel der kleinen Seele das Lied: „Weißt du wieviel Sternlein stehen…" und sie überlegte noch, wie sie denn Lilia zeigen sollte, dass das das schönste Lied sei, als Marco entschied, einen Teddy zu nehmen, der genau diese Melodie spielte. Er fand sie nämlich auch am schönsten – und Lilia wollte Marco eine Freude machen und ließ ihn die Spieluhr aussuchen. Es wurde der kleinen Seele immer wieder warm ums Herz, wenn sie spürte, wie gern Marco und Lilia sich hatten und wie sehr sie sich auf ihr Kind freuten.

Eines Abends, die kleine Seele war mal wieder in das Sternenzelt geflogen, um mit ihren Freundinnen zu spielen, hatte sie das Gefühl, dass sie ganz schnell zu Lilia musste…. sie beeilte sich und flog zum Hof, aber da war alles ganz dunkel. Da erinnerte sie sich, dass Lilia in der nahen Stadt ins Geburtshaus fahren wollte, um dort die Geburt zu erleben, wenn es so weit war. Sie war froh darüber, dass sie sich daran erinnerte – und so flog die kleine Seele in die Stadt in das Geburtshaus. Mittlerweile war sie vertraut mit Lilia und konnte auf mehrere Kilometer Entfernung Lilia spüren und fand sie deshalb ganz schnell.

Marco war bei Lilia und auch die Hebamme, das ist Frau, die Lilia bei der Geburt helfen wollte. Wenn der kleine Körper aus dem Bauch der Frau hinauswill, brauchen beide viel Kraft. Lilia strengte sich mächtig an, um das Kleine loszulassen, und das Kleine strampelte ganz arg und half von innen mit, so dass es nicht so lange brauchte, bis Lilia es von der Hebamme auf dem Bauch gelegt bekam.

In dem Moment, in dem das Kleine den ersten Atemzug tat – mit seinen kleinen Lungen-flügeln, schlüpfte die kleine Seele in ihre neue Wohnung, in den kleinen Körper und war wieder traurig und glücklich zugleich.

Traurig, weil der Körper so klein war und sie darüber auch erschrocken war, wie es sich anfühlte, in dem Körper zu sein, deshalb tat sie erst einmal einen tiefen Atemzug und dann öffnete sie den Mund, ... heraus kam ein lauter Schrei!

Und gleichzeitig war sie glücklich darüber, dass sie nun wirklich auf der Erde war bei Lilia und Marco, dass sie diesen Teil schon miteinander geschafft hatten und nun zusammen-leben würden.

Als Lilia hörte, wie die Hebamme sagte: „Sie haben eine wunderschöne kleine und ge-sunde Tochter!", da fing sie vor lauter Glück zu weinen an. Auch Marco war sehr gerührt und begrüßte seine Tochter mit den Worten: „Hallo, du Kleine, willst du Iris heißen?"

Die kleine Seele hätte gerne laut JA gesagt, aber das ging nicht mehr. Als kleines Neugeborenes hatte sie noch nicht die Möglichkeit, deshalb konnte sie nur krähen, aber Marco und Lilia nahmen das als Zustimmung und hatten nun eine Tochter mit dem Namen Iris.

Als die drei nun so eng beisammen waren, schaute die kleine Seele sich mit den Augen der kleinen Iris im Zimmer um und entdeckte neben dem Bett Isis, die ihr freundlich zulächelte. Da war sie noch froher, weil sie spürte, dass die andere Welt und damit auch Isis noch da waren und vor lauter Erschöpfung von der anstrengenden Arbeit und dem vielen Neuen schlief sie zufrieden ein.

 Das Geburtsfest

Einige Wochen nach der Geburt wollten Lilia und Marco ein Fest feiern mit all ihren Freundinnen und Freunden, ihren Verwandten und ihren Nachbarn, um ihnen Iris zu zeigen. Sie wollten ein richtiges Willkommensfest für Iris feiern, denn schließlich war sie nun auf die Erde gekommen und lebte mit ihnen. Außerdem wollten sie damit allen danken, die ihnen geholfen hatten und helfen. Dazu gehörten die sichtbaren und die unsichtbaren Helferinnen und Helfer.

Lilia war sich ganz sicher, dass Iris einen großen Schutzengel hatte, manchmal sah sie nämlich, dass ihre Kleine ganz eingehüllt war in Licht. Und sie spürte, dass Iris manchmal nicht da war, dann schien es Lilia, als sei ihre Seele auf Reisen gegangen und würde sozusagen Urlaub machen vom Leben in dem kleinen Körper von Iris.

Wenn sie die kleine Seele gefragt hätte, ob das stimmt, hätte sie ihr das bestätigt. Aber als Iris konnte sie noch nicht sprechen. Es war tatsächlich so, dass die kleine Seele sich oft auf den Weg ins Sternenzelt machte und sich dort traf mit ihrer besten Sternenfreundin, die auch schon geboren war, und dann erzählten sie sich, wie es denn so auf der Erde ist.

Das tat sie meistens, wenn es so aussah, als schliefe sie. Wenn Lilia in das Bett der kleinen Iris schaute, sah sie ein kleines Baby zufrieden schlafen und die Seele war auf Reisen. Mittlerweile waren der kleine Körper und die Seele durch eine Schnur miteinander verbunden, so dass die kleine Seele den Weg immer wieder zurückfand. Außerdem bat sie immer ihren Schutzengel, auf sie aufzupassen, wenn sie sich auf Reisen in das Sternenzelt machte.

Lilia hatte also recht mit ihrem Gefühl, dass es auch unsichtbare Helferinnen und Helfer gab – und deshalb war es auch gut, dass ihnen an dem Fest gedankt werden sollte.

Lilias Mutter und ihre Freundin Eva halfen bei der Festvorbereitung in der Küche, ebenso wie Marcos Bruder Ben, der gern backte. Er wollte eine riesige leckere Schokoladentorte backen. Lilias Schwester Mona half Marco beim Aufstellen von einem großen bunten Zelt im Hof, in dem alle Platz finden würden. Außerdem waren seine Eltern da, um Musik zu machen. Seine Mutter spielte Gitarre und sein Vater Flöte, sie hatten ganz viele schöne Lieder dabei, die sie singen wollten und auch alle mitsingen konnten.

Die Vorbereitungen dauerten einige Tage, manchmal flog die kleine Seele nicht in das Sternenzelt, sondern ins Zelt und schaute zu oder flüchtete in den Stall zu Amea, wo es ruhiger war. Die beiden mochten sich sehr. Das Pferd spürte, wenn die kleine Seele da war, und ganz oft folgte auch der Kater Cleo ihr in den Stall und dann lagen das Pferd und der Kater ganz eng beieinander und mittendrin – für die meisten Menschen unsichtbar – war die kleine Seele.

Manche Menschen konnten sie als kleinen Lichtball sehen, wie die Mutter von Marco und die Schwester von Lilia. Aber da sie darüber nicht redeten, wussten sie es nicht voneinander. Auch Lilia sah manchmal mehr Dinge, als sie mit ihren Menschenaugen sehen konnte, aber sie traute sich nicht, darüber zu sprechen. Früher hatte sie mit Mona darüber gesprochen. Sie konnte sich daran erinnern, wie sie beide einmal auf der Wiese hinter dem Haus lagen und sich erzählten, wie sie die Zwerge und Elfen wahrnehmen konnten. Jetzt hatten sie schon lange nicht mehr über solche Dinge gesprochen.

Die kleine Iris lag oft in ihrem Körbchen mitten in der Küche und bekam die ganzen guten Düfte mit, das mochte sie sehr. Wenn es gut duftete, blieb auch die kleine Seele in der Nähe, weil sie zum Riechen Iris Nase brauchte....

Die Tage waren voller Lachen und Fröhlichsein. Als dann alle Gäste da waren, begrüßten Lilia und Marco sie: „Wir freuen uns sehr, dass ihr da seid. Wie ihr alle wisst, haben wir seit sieben Wochen eine kleine Tochter. Wir haben sie Iris genannt, weil ihre Augen so tiefblau sind, dass sie uns an Marcos Lieblingsblumen erinnern..."

Zwischen sich hatten sie Iris Kinderwagen stehen und nun holten sie sie aus dem Wagen und hielten sie für alle sichtbar in die Luft. Alle Menschen klatschten vor lauter Freude in die Hände und dann sangen sie gemeinsam „Wie schön, dass du geboren bist. Wir freuen uns sehr. Herzlich willkommen bei uns, Iris, wir werden dich auf deinem Weg begleiten!"

Dann nahm Marco eine Feder in die Hand und sagte: „Wir wünschen uns für unser Kind, dass alle vier Elemente es begleiten und ihm Schutz und Heimat werden können! Die Feder steht für die Luft – aus den Himmeln bist du zu uns gekommen – wir freuen uns und danken dir, Iris! Möge der Himmel immer dein Zuhause sein – und du den Wind als treuen Freund erleben!"

Als nächstes nahm Lilia eine Kerze in die Hand und zündete sie mit einem Streichholz an, dazu sagte sie: „Wir wünschen uns für unser Kind, dass das Feuer es immer begleitet. Das Feuer steht für Wärme, Energie, Licht, Kraft und Veränderung. Möge dein Leben viel Schönes für dich bereithalten und das Feuer als äußere und innere Kraftquelle dir eine Freundin sein! Möge der Feuerball am Himmel, die Sonne, dir eine Freundin sein!"

Danach nahm Marco eine Schüssel mit Erde in die Hände und sagte: „Wir wünschen uns für unser Kind, dass es ein Kind der Erde wird, dass es hier auf der Erde zuhause ist. Möge die Erde deine Freundin sein und dich tragen, nähren, schützen und begleiten!"

Als letztes nahm Lilia einen Krug mit Wasser in die Hand und sagte: „Wir wünschen uns für unser Kind, dass das Wasser ihm zur Freundin wird. Das Wasser ist Nahrungsmittel. Es reinigt und erneuert die Erde immer wieder. Es lässt uns auch viel vom Leben verstehen, wenn wir am Meeresufer stehen und sehen, wie es kommt und geht, kommt und geht, ... jeder Tropfen enthält die Weisheit des ganzen Meeres. Möge das Wasser dir Freundin sein, meine Tochter Iris!"

Danach sangen sie alle zusammen ein Lied für die vier Elemente und tanzten dazu. Danach sprach Lilia noch einen kurzen Text: „Ich bitte für unsere Tochter um Schutz und Führung. Möge ihr Engel sie begleiten auf allen Wegen – und sie behüten, so dass ihr Leben ein erfülltes sein möge! Und ich danke euch allen heute hier, die ihr mit eurem Kommen zeigt, dass ihr Begleiterinnen und Begleiter für unsere Tochter sein wollt und seid!"

Daraufhin nahm die Großmutter von Lilia, die mittlerweile fast 90 Jahre alt und damit die Älteste war, Iris in die Arme und sagte ganz laut und sehr feierlich: „Ich begrüße dich in unserer Mitte, du kleines Menschenkind! Möge dein Leben gesegnet sein!"

Dann tanzten alle und sangen miteinander ein Lied: „Unser Leben sei ein Fest, jeden Morgen und jeden Tag, unser Leben sei ein Fest und ganz besonders jetzt!"

Dabei wanderte Iris von einem Arm zum anderen, weil alle sie begrüßen wollten. Auch die anderen Kinder durften sie auf den Arm nehmen, nur zwei noch ganz kleine machten bloß „ei!" und streichelten ihr Gesicht. Iris fand das alles ganz okay. Die kleine Seele schaute sich das alles mit den Augen von Iris an und freute sich, dass sie an einem so guten Platz gelandet war. Als sie die Runde gemacht hatte und wieder auf den Armen von Marco ankam, kuschelte sie sich ganz fest an ihn und schlief zufrieden ein.

 Wohnen im Menschenkörper

Die kleine Seele tat sich sehr schwer damit, in dem kleinen Iris-Körper zu wohnen. Wenn sie früher hungrig war, dann flog sie etwas näher an die Sonne, so dass sie die Wärme spürte, dehnte und reckte sich im Licht – schon war sie wieder satt. Jetzt war das ganz anders: zuallererst merkte sie ein komisches Gefühl im Bauch, so als sei da ein Loch, dann wollte sie etwas in dieses Loch hineintun, hatte aber nichts – und so blieb ihr nichts anderes übrig, als zu weinen.

Wenn daraufhin nichts geschah, gab es noch etwas anderes in ihr, das war zwar nicht der Bauch, aber sie spürte es im Bauch, sie fühlte so etwas wie Ungeduld – und je länger sie auf das Essen warten musste, desto größer wurde das Loch im Bauch. So fühlte es sich zumindest an, und desto ungeduldiger und wütender wurde sie, bis sie zum Schluss so laut schrie, wie sie nur konnte.

Wenn endlich Lilia kam, sie aus dem Bettchen nahm und ihr die Brust gab, das heißt, ihr eine Brustwarze in den Mund schob, dann fing der Mund ganz von selbst an zu saugen und es dauerte lange, bis so viel Milch in den Bauch kam, dass das Loch kleiner wurde... das war richtig Arbeit.

Danach war der Iris-Körper immer müde. Wenn sie nicht mehr trinken wollte, legte sich Lilia den Körper über die Schulter und klopfte ihm auf den Rücken, die ersten Male hatte das die kleine Seele gar nicht verstanden, aber dann spürte sie, dass sie einen dicken Rülpser von sich geben sollte, damit die Luft aus dem Bauch kam, die sie mit geschluckt hatte beim Trinken.

Irgendwie fand sie das Ganze ziemlich lästig und anstrengend, vor allem weil es nie lange dauerte, bis wieder dieses komische Gefühl im Bauch auftauchte und sie meinte, ein Loch darin zu haben, das gefüllt werden musste....

Und das war nur ein Teil der Arbeit, die der kleine Iris-Körper tat. Es gab noch viel mehr für den Iris-Körper zu tun: Die Milch wurde nämlich im Körper verarbeitet, was manchmal

ziemlich weh tat. Dann fühlte sich der Bauch auch komisch an, er tat weh, war ganz hart und fest, als würde etwas feststecken in ihm, ... auch dann blieb ihr nichts anderes übrig, als zu weinen, ... das tat aber auch gut und erleichterte, weil es manchmal wirklich ziemlich weh tat.

Einmal hörte sie, wie Lilia sagte: „Ja, meine Kleine, es wird schon wieder gut, ich streichele dir jetzt ein bisschen den Bauch und ich verspreche dir, dass ich keine Zwiebeln mehr esse, solange ich dich stille." Da verstand sie, dass sie über die Milch aus Lilias Brust manchmal etwas bekam, was ihrem Bauch weh tat. Und wenn die Milch dann verarbeitet war, gab es an dem Körper eine Öffnung, aus der dann der Rest herauskam, der fühlte sich dann warm und weich an – das Ganze war aber irgendwann lästig und gab ihr damit wieder ein Grund zum Schreien.

Dann wurde der kleine Körper ausgezogen. Es war sowieso komisch, dass er in so viele Sachen gesteckt wurde, aber die kleine Seele wusste jetzt schon, wieso, denn sie hatte schon erfahren, was warm ist – und wie sich kalt anfühlt. Einmal hatte Lilia gedacht, es würde ein warmer Tag und hatte der kleinen Iris nur wenig angezogen, dann kamen aber dicke Wolken und ein rauer Wind und der kleine Körper wurde ganz schnell ganz kalt. Das fühlte sich auch komisch und unangenehm an, denn die kleine Seele kannte es nicht. Sie war froh, als Lilia sie dann schnell in eine warme Decke packte.

Die kleine Seele fand das alles ziemlich anstrengend und irgendwie nicht gut eingerichtet. Wenn Iris dann ganz erschöpft von der ganzen Arbeit schlief, machte sich die kleine Seele immer wieder auf den Weg zu ihrer Sternenfreundin in den Himmel.

Dann erzählten sich die beiden von ihren Erlebnissen in den kleinen Menschenkörpern. Die Freundin kannte das alles auch und fand das Ganze ziemlich lustig, so dass die beiden ziemlich viel im Himmel kicherten, wenn sie sich von vollen Windeln und lauten Rülpsern erzählten. Beiden war nicht klar gewesen, das so etwas zum Menschenleben dazu gehört – und sie es lernen müssen.

Andererseits fanden sie es auch spannend, wie es sich anfühlt, in dem Körper zu sein. Die Sternenfreundin, die als kleiner Junge in Indien lebte, liebte es zum Beispiel, mit den Ohren des kleinen Ramsi zu hören.

Die kleine Seele mochte es sehr, mit der Nase von Iris zu riechen: sie würde den Geruch von Lilia, Amea, Marco oder Cleo überall herausfinden, da war sie sich sicher.

Die beiden tauschten sich auch darüber aus, dass es so zu sein schien, dass die Verbindung zu den Menschenkörpern immer stärker wurde und es für sie immer schwieriger wurde, einfach mal hinauszufliegen. Je länger sie in den Körper wohnten, desto weniger leicht fanden sie den Weg hinaus. Das erlebten beide so – und sie waren sich nicht immer sicher, was sie davon halten sollten.

Die Sternenfreundin war total glücklich, dass sie Ramsi war und liebte es, in dem Haus mit den vielen Geräuschen zu sein. Er hatte noch sechs Geschwister, außerdem lebten die Eltern von seiner Mutter noch mit im Haus und natürlich einige Tiere, das heißt, es gab ganz viel zu hören.

Die Sternenfreundin beschrieb der kleinen Seele ausführlich, was sie mit Ramsis Ohren alles hörte: das Töpfe Klappern aus der Küche, die Gespräche und das Gelächter der anderen Kinder und auch der Erwachsenen, die Autos auf der Straße mit ihren Hupen, die anderen Männer, die bei ihrem Vater in dem Laden mitarbeitete. Ihr Vater machte aus Steinen Skulpturen und das Klopfen und Behauen der Steine mit dem Werkzeug war ein Geräusch, dass der kleine Ramsi liebte.

Die kleine Seele konnte sich das richtig vorstellen und entschied, dass sie ihren nächsten Ausflug nach Indien machen würde, um zu sehen, wo Ramsi lebte. Sie lud ihre Sternenfreundin auch ein, auf den Hof zu kommen und sich dort einmal umzusehen. Sie sagte ihr auch, dass Amea und Cleo sie bestimmt spüren würden, deshalb sollte sie sie freundlich begrüßen, damit die beiden sie als Freundin erkennen.

Die kleine Seele war sich nicht sicher, ob sie wirklich immer mehr den Weg in den Himmel verlieren wollte und war deshalb manchmal ganz traurig. Manchmal fühlte sie sich auch ganz beengt in dem Körper und war dann hilflos und wütend. Dann schrie sie sich vor lauter Zorn einen ganz dunkelroten Kopf. Lilia und Marco wussten dann ganz oft nicht, was sie tun konnten. Sie prüften immer zuerst, ob sie noch Hunger hatte, das hatte sie aber nicht – jedenfalls nicht nach Milch. Dann schauten sie in die Windel, das fand die kleine Seele ziemlich ärgerlich und schrie nur noch lauter. Gleichzeitig spürte sie aber auch, dass Lilia und Marco ihr nicht helfen konnten. Wenn sie ihr dann noch den Bauch massiert hatten und feststellten, dass er ganz weich war, sie also auch keine Blähungen hatte, wussten sie oft nicht mehr weiter.

Manchmal half es der kleinen Seele, die Nähe von Lilia oder Marco zu spüren, auf ihren Armen zu sein und getragen zu werden, dann konnte es sein, dass sie vor lauter Erschöpfung einschlief. Wenn sie schlief, fand sie den Weg leichter in die Himmel, die Öffnung befand sich jetzt nur noch mitten auf dem Kopf, an der Stelle, wo die Knochen erst langsam zusammenwachsen würden. Dort flog dann die kleine Seele als Lichtkugel hinaus, fest verbunden durch die silberne Schnur mit dem Körper, so dass sie den Weg immer wieder zurückfand.

Manchmal war die kleine Seele auch traurig darüber, dass Marco und Lilia sich Sorgen machten über ihren kleinen „Schreihals". Sie gingen mit Iris sogar zu mehreren ÄrztInnen und TherapeutInnen, um sich Rat zu holen. Alle sagten aber, dass Iris völlig gesund sei und es halt so sei, dass sie schrie. Eine Therapeutin half Iris ein bisschen, sie tastete nämlich den ganzen Körper ganz vorsichtig ab und überprüfte die Rhythmen des Körpers. Dabei richtete sie ein wenig den Kiefer und auch das Becken, aber auch sie sagte zu Marco, der mit ihr dorthin gegangen war, dass eigentlich alles in Ordnung sei und er beruhigt sein

könne, es gäbe Kinder, die würden in den ersten Monaten viel schreien, weil sie sich nicht wohl auf der Erde fühlten.

Nur Marcos Mutter verstand Iris und als sie einmal miterlebte, wie sehr sie schrie, nahm sie die kleine Iris auf den Arm und ging mit ihr raus in den Hof. Es war mitten in der Nacht und es war ein wunderschöner Sternenhimmel. Den zeigte sie ihrer kleinen Enkelin und erzählte ihr folgendes: „Es war einmal eine kleine Seele, die wollte wieder auf die Erde – aber sie wusste nicht, dass das bedeuten würde, sich nicht mehr so frei in den Himmeln bewegen zu können. Es ist nämlich so, dass Menschenkinder, um ganz hier auf der Erde sein zu können – und das ist ja das, was sie wollen – den Weg in die Himmel und viel von ihrem Wissen vergessen müssen. Manchmal tut das sehr weh."

Mittlerweile hatte Iris aufgehört zu weinen und hörte ihrer Großmutter mit großen Ohren und weit offenen Augen zu.

„Und ich glaube, du Kleine, das ist genau das, was jetzt mit dir geschieht und ich kann dich wirklich gut verstehen. Ich finde es manchmal auch arg, dass der Weg in die Himmel für mich als Mensch versperrt sein kann. Aber ich habe gelernt und erfahren, dass ich den Weg wieder finden konnte... und darüber bin ich sehr glücklich.

Schau, ein Baum muss starke Wurzeln haben, damit er in den Himmel wachsen kann. Genauso ist das mit den Menschen, sie müssen sich hier verwurzeln, um in den Himmel wachsen zu können. Dann können sie Himmel und Erde verbinden....

Ja, und du gehst jetzt diesen Weg, Iris, in die Erde hinein, um in den Himmel wachsen zu können. Soweit ich das kann, werde ich dich begleiten. Ich liebe dich und ich freue mich, dass du Sternenkind den Weg zu uns gefunden hast."

Iris fühlte sich sehr getröstet und wunderte sich, als sie sah, dass der Großmutter zwei dicke Tränen über die Wangen liefen, obwohl sie doch ihre Freude und ihre Liebe spürte. Da wollte sie die Frau trösten und deshalb lächelte sie sie an und patschte mit ihren Händchen nach den Tränen.

Darüber musste die Großmutter aus vollem Herzen lachen und meinte: „Na, du Kleine, wir verstehen uns, gell?" und gab ihr ein Küsschen auf die Wange. Dann gingen beide getröstet wieder ins Haus.

Die Großmutter legte Iris in ihr Bettchen, zog ihr die Spieluhr mit dem Lied „Weißt du, wieviel Sternlein stehen..."auf, was sie leise mitsang, und blieb so lange an ihrem Bett sitzen, bis die Kleine eingeschlafen war.

Heimisch werden

Die kleine Seele gewöhnte sich daran, dass sie im Menschenkörper Hunger hatte, dass ihr die Windeln gewechselt wurden, dass sie immer wieder an- und ausgezogen wurde, dass sie sich in dem Körper noch nicht viel bewegen konnte, sondern getragen werden musste oder im Kinderwagen umher geschoben wurde. Das fand sie zwar komisch, aber sie merkte, dass sie langsam lernte, sich in dem Körper und mit dem Körper zu bewegen. So konnte sie jetzt schon nach Sachen greifen, die vor ihr lagen, und diese in die Hand nehmen. Wenn sie ein Geräusch hörte, konnte sie den Kopf drehen und schauen, was da passiert war. Es wurde langsam bequemer in dem Körper.

Sie flog nachts aber immer noch an der Silberschnur in die Himmel und traf dort ihre Sternenfreundin. Manchmal begleitete sie auch Isis auf den Flügen und zeigte ihr etwas Neues im Sternenzelt. Einmal flog sie mit Isis ganz weit hinaus und kam mit ihr zu einem blauen Stern. Isis hatte ihr erzählt, dass dort auch Wesen leben und dass sie diese ebenfalls regelmäßig besuchte wie die kleine Seele.

Die kleine Seele war sehr neugierig auf diese blaue Welt. Sie bemerkte, dass es ganz viele unterschiedliche blaue Töne gab, es gab verschiedene blaue Flüssigkeiten, die auf der Erde bestimmt Wasser genannt würden, und auch blaues Land. Die Wesen waren immer zu zweit unterwegs und leuchteten wunderschön. Sie sprachen nicht wie die Menschen miteinander, sondern konnten sich lautlos verständigen. Isis erklärte ihr, dass die Menschen das Telepathie nennen, wenn man sich ohne Worte verstehen kann und die Gedanken des anderen lesen kann. Die kleine Seele kannte das, denn sie konnte sich ohne Worte in Gedanken mit Cleo und Ames unterhalten – und auch mit vielen anderen Wesen und Tieren. Sie wusste nur nicht, wie die Menschen das nannten.

Da Iris aber gleich wieder aufwachen würde, brachen sie den Ausflug ab und flogen wieder zurück.

Manchmal war die kleine Seele nach solchen Ausflügen ganz verwirrt und kam gar nicht wieder richtig auf der Erde an. Dann fühlte sie sich in dem Menschenkörper wieder sehr unwohl und hatte das, was die Menschen „schlechte Laune" nennen. Sie wollte dann nicht lachen und kein Spielzeug, das Lilia ihr zeigte, und auch kein Essen, was Marco ihr geben wollte, gefiel ihr oder schmeckte ihr, sie war nur am Quengeln und Weinen.

Das waren dann wieder Situationen, in denen Marco und Lilia hilflos waren und nicht wussten, was sie tun sollten. Sie probierten immer ganz viel aus: sie gaben Iris die Teeflasche, bereiteten ihr einen Obst Brei aus Bananen und Birnen, wollten ihr ein trockenes Brötchen zum Selberessen geben, holten die Lieblingspuppe oder auch eine neue, ... aber nichts half.

Wenn sie dann alles ausprobiert hatten und ganz enttäuscht waren, ließen sie Iris ein paar Minuten allein, um selbst wieder Kraft zu schöpfen und meistens war es das, was am

besten half. Dann konnte die kleine Seele sich wieder den Kontakt mit Iris bewusst machen, spürte, wo sie war und wer ... und wurde dann wieder langsam zufriedener.

Es konnte geschehen, dass, wenn Lilia dann wieder kam, sie ein strahlendes kleines Mädchen vorfand, das sie ganz fröhlich anlächelte, und sich freute, sie zu sehen. Manchmal dachte die kleine Seele, dass es wirklich nicht einfach ist, Mutter oder Vater von einem Sternenkind zu sein. Dann merkte sie ein tiefes Mitgefühl für Marco und Lilia in ihrem Herzen und wünschte sich, dass sie mit ihnen sprechen konnte.

Aber zuerst hieß es, Zähne zu bekommen – und das konnte wirklich sehr wehtun. Isis hatte ihr erzählt, dass mit jedem Zahn die Verbindung zur Erde stärker wird und sie mehr im Körper von Iris wohnen würde. Das verstand sie, denn Zähne haben Wurzeln und es ging ja darum, Wurzeln in die Erde wachsen zu lassen. Also war es klar, wenn sie Wurzeln in sich schlagen würde, dann würde sie auch Wurzeln in die Erde treiben damit. Trotzdem war es nicht leicht, das zu erleben.

Erst einmal tat es bei jedem Zahn weh, wenn der Kiefer anschwoll, ganz heiß und hart wurde. Manchmal glühte das Köpfchen richtig. Und alle Kraft ging in das Zähne machen, so dass keine Kraft mehr blieb fürs Spielen, Schauen und Lernen. Essen tat auch sehr weh. Es war jedes Mal eine große Erleichterung, wenn das erste weiße Spitzchen vom Zahn dann zu sehen war und Lilia oder Marco es ganz stolz befühlten. Dann war die meiste Arbeit geschafft und Iris schlief ganz erschöpft ein.

Wenn schönes Wetter war, stellten Lilia oder Marco Iris in ihrem Kinderwagen raus in den Garten. Es war Sommer und auf der Wiese war es ganz geschäftig. Die Grillen zirpten, die Bienen summten, das Gras wiegte sich leise raschelnd im Wind, die Vögel zwitscherten und der kleine Bach hinterm Haus plätscherte fröhlich vor sich hin.

Iris liebte diese Stunden, sie lag dann ganz zufrieden in ihrem Wagen, hörte all die Geräusche und sah in den Himmel. Dann konnte sie die Wolken vorbeiziehen sehen. Manchmal sah sie auch Vögel vorbeifliegen. Und da sie allein war, konnte sie dann manchmal wieder ihren Körper verlassen und mit den Vögeln fliegen. Sie näherte sich ihnen, begrüßte sie fröhlich in Gedanken und die Vögel hörten sie, luden sie ein mitzufliegen und dann zogen sie gemeinsam ihre Kreise am Himmel. Manchmal erzählten ihr die Vögel auch, woher sie kamen, wo sie den Winter verbracht hatten, wie es den Eiern im Nest geht und wie viele sie gerade ausbrüten. Wenn dann die kleinen geschlüpft waren, hatten die Eltern nicht mehr so viel Zeit, aus lauter Freude herumzufliegen, dann mussten sie dafür sorgen, dass die Kleinen etwas zu fressen bekamen.

Dann musste sich die kleine Seele andere Spielpartner suchen. Ganz besonders oft flog sie dann zu dem kleinen Bach und sprach mit dem Wasser, das so fröhlich vor sich hin-plätscherte.

Manchmal konnte es auch passieren, dass der Baum, unter dem sie mit ihrem Wagen stand, mit ihr erzählen wollte. Sie mochten sich sehr, die alte Kastanie, die mitten im Garten stand, und die kleine Seele. Die Kastanie konnte sehr schön und anschaulich aus ihrem

langen Leben erzählen. Die kleine Seele hörte diese Geschichten besonders gern. Es war also überhaupt nicht langweilig für Iris, allein unter dem Baum zu stehen.

Manchmal kam auch Cleo vorbei und erzählte ihr von seinen Abenteuern, die er nachts erlebt hatte. Dazu legte er sich dann neben Iris in den Wagen und oft fand Marco die beiden schlafend aneinander gekuschelt, wenn er bei seiner Arbeit wieder einmal an dem Wagen vorbeikam.

☆ Urgrossmutters Sterben

Eines Abends, als Lilia und Marco beim Abendessen saßen, Iris lag zufrieden neben ihnen in ihrer Wippe und knabberte an einem Brötchen, klingelte das Telefon.

Marco ging dran und kam mit einem ernsten Gesicht zurück: Lilias Mutter hatte angerufen und erzählt, dass die Großmutter sehr krank sei. Der Arzt war schon dagewesen und hatte nach ihr geschaut. Sie hatten entschieden, sie nicht ins Krankenhaus zu bringen, die alte Dame hatte deutlich gesagt, dass sie das auf keinen Fall wolle. Sie wollte zuhause sterben. Als Marco das erzählte, fing Lilia zu weinen an. Die Großmutter war ihr ein sehr wichtiger Mensch und sie wollte nicht, dass sie geht.

Iris hörte mit Erstaunen zu. Sie fühlte, dass Lilia ganz arg traurig war und wollte sie trösten. Aber es schien so, als würde Lilia sie gar nicht wahrnehmen. Lilia bat Marco, mit ihr zur Großmutter zu fahren. Marco rief schnell seinen Bruder an, der kommen sollte, um die Tiere zu versorgen – auch am nächsten Morgen. Er sagte sofort zu und versprach, sich auf den Weg zu machen. Da er ganz in der Nähe wohnte, er brauchte mit dem Fahrrad nur ein paar Minuten, konnten sie schon mit dem Packen anfangen. Natürlich wollten sie Iris mitnehmen. Das ging auch gar nicht anders, weil Iris ja noch so klein war, dass sie Lilias Brust brauchte.

Als sie bei Lilias Eltern ankamen, war es schon Nacht. Iris hatte auf der Fahrt geschlafen.

Die kleine Seele hatte die Gelegenheit genutzt und ein kurzes Gespräch mit Isis geführt:

„Isis, was heißt sterben?"

„Das heißt, dass ein Mensch sein Leben fertig gelebt hat und gehen kann..."

„Die Urgroßmutter wird nun also wieder als ein Stern in den Zwischenraum gehen!?"

„Ja."

„Das ist aber schön. Wieso ist dann Lilia so traurig?"

„Ach, weißt du, sie hat sicher verschiedene Gründe traurig zu sein: einmal ist es ja wirklich traurig, wenn jemand weggeht, den man liebhat, das verstehst du sicher? Und dann ist es auch so, wenn jemand weggeht, der ganz wichtig in der Kindheit war, dann merkt man auf einmal, dass es nicht selbstverständlich ist, dass er oder sie immer da ist."

„Meinst du, Lilia war einfach gewöhnt, dass die Großmutter da war und hat sich nichts mehr dabei gedacht?"

„Ja, genau, die Großmutter hat einfach dazu gehört – und wenn sie nun geht, dann ist da ein Loch.

Na, und außerdem ist es bei den meisten Menschen so, dass sie glauben, der Tod ist ein Ende..."

„Aber das ist doch Quatsch!", rief die kleine Seele ganz entrüstet, „der Tod ist doch nur ein Tor in eine andere Welt! Da muss man doch nicht so traurig sein, eigentlich kann man doch ein Fest feiern, weil die Großmutter etwas Neues anfangen darf, nachdem sie hier fertig geworden ist.... Ich verstehe die Menschen nicht!"

„Tja, weißt du, kleine Seele, schau mal, je länger du auf der Erde lebst, desto schwerer fällt es dir, noch in den Sternenhimmel zu reisen, das hast du doch schon gemerkt.... und je länger du als Mensch lebst, desto mehr Gedanken von Menschen wirst du kennenlernen und dich dann auch darin bewegen, auch in denen, die dir heute noch komisch vorkommen.

Viele Menschen glauben nicht an ein Leben nach dem Tod und haben deshalb Angst davor. Oder sie glauben, dass es ein Leben nach dem Tod im Himmel geben wird, wenn sie ein gutes Leben geführt haben. Und da sie nicht wissen, ob sie ein gutes Leben geführt haben, haben sie Angst vor dem Tod.

Weißt du, vieles in unserem Leben machen wir ganz oft, aber sterben tun die Menschen in jedem Leben nur einmal. Ja, und Lilia lebt halt schon länger als du auf der Erde und für sie ist der Tod wie für viele Menschen etwas, das Angst macht."

Die kleine Seele hörte Isis zwar aufmerksam zu, aber verstehen konnte sie das nicht. Machten sich die Menschen so komische Gedanken? Konnten sie wirklich vergessen, woher sie kamen? Dass Menschen traurig sind, wenn jemand weggeht, das konnte sie verstehen. Sie mochte es auch nicht, wenn Lilias Mutter zu Besuch war und nach ein paar Tagen wieder nach Hause fuhr. Dann war sie auch traurig, weil sie die Oma gerne hatte und es in ihrer Nähe immer so gut roch. Naja, die Menschen waren schon irgendwie seltsam.

Als das Auto anhielt, wurde Iris wach und war ganz verwirrt, sie fing an zu weinen und fand sich wieder auf den Armen der Mutter von Lilia, die sie tröstete. Das fand sie total schön, hatte sie doch gerade noch von der Oma geträumt oder an sie gedacht.

Sie gingen alle zusammen ins Haus und in die Küche, wo Lilias Vater einen großen Topf Kakao gekocht hatte. So saßen sie dann alle um den Tisch, tranken Kakao, Iris bekam ihre

Milch und dann erzählte die Großmutter, was geschehen war. Morgens war die Urgroßmutter ganz schwach gewesen und wollte nicht aus dem Bett steigen. Als sie sie dann fragten, was denn los sei, meinte sie nur, dass jetzt ihre Zeit zum Sterben gekommen sei und alles gut ist. Sie sollten sie einfach in Ruhe lassen, aber das konnten sie nicht.

Lilias Eltern riefen am Nachmittag doch nach längerem Überlegen einen Arzt, der bestätigte, dass sie im Sterben liege. Ihr Atem wäre schon unregelmäßig, auch ihr Puls setze schon ab und zu aus, es würde sicher nicht mehr lange dauern, bis sie ganz einschliefe.

Als Lilias Mutter sich dann zu ihr setzte, erzählte ihr die Urgroßmutter, dass ihr verstorbener Mann bei ihr sei und ihr gesagt habe, dass er sie auf dem Weg hinüber begleiten würde... und auch ein kleines Kind sei da und wolle ihr helfen, es sei ihr vor ganz langer Zeit gestorbener Bruder.

Als Lilias Mutter das in der Küche erzählte, mussten alle weinen – nicht nur aus Traurigkeit, sondern auch aus Freude, denn die Urgroßmutter würde nicht allein sein.

Iris lag im Arm der Großmutter und hörte ganz intensiv zu, denn sie spürte, dass etwas Wichtiges geschah.

Dann gingen sie alle zusammen in das Schlafzimmer der Urgroßmutter, Iris kam es so vor, als sei es in ganz feines Licht getaucht und es sah für sie auch so aus, als sei der Körper der Frau im Bett viel kleiner als ihr Lichtkörper. Auch Lilia sah, dass die Verbindung zwischen dem Körper und der Seele ihrer Oma schon im Auflösen war und sagte das zu ihrer

Mutter, die nur nickte. Dann fingen die beiden Frauen an, ein Lied zu singen, es war nur eine kleine Melodie ohne Text und für Iris sah es so aus, als würde aus den Tönen eine Lichtstraße gebaut werden, auf der die Seele der Großmutter in den Himmel steigen könnte. Marco fasste die alte Frau an den Füßen und schickte in Gedanken Licht durch ihren Körper, das am Scheitel wieder hinaustrat. Und Lilias Vater öffnete ein Fenster und zündete eine weiße Kerze an.

Auf einmal schien es so, als wüssten alle, was zu tun sei.

Iris sah mit großen Augen zu und freute sich, weil alles so einfach und leicht schien. Das Gesicht der Urgroßmutter war ganz friedlich, sie öffnete die Augen und sagte: „Schön, dass ihr alle da seid – es war schön mit und bei euch! Lebt weiter gut miteinander.... ich gehe jetzt, ich werde erwartet!"

Sie sprach nur ganz leise. Iris wusste auch nicht, ob alle sie hörten, aber sie verstand sie ganz genau. Dann schnaufte die alte Frau noch ein paar Mal ganz tief mit langen Pausen dazwischen, dann wurden die Pausen immer länger und dann kam kein Atemzug mehr.

Sie blieben alle noch eine ganze Weile bei ihr, Lilia und ihre Mutter weinten und hielten sich im Arm, Marco hatte Iris auf dem Arm und Lilias Vater betete ein altes Sterbegebet:

„Möge deine Seele geleitet werden
den Weg, der ihr bestimmt.

Möge deine Seele begleitet werden
Von den Engeln, die dich stärken.
Möge deine Seele das Licht Gottes sehen
Und ihren Frieden finden!
Möge deine Seele wieder eins werden mit allem
Und in Gott Zuhause sein.
Amen."

Iris hörte dem Großvater zu, fühlte sich ganz zufrieden und schlief erschöpft von dem Abend und der Nacht ein.

 **Ein ernsthaftes Gespräch**

Nach dem Tod von der Urgroßmutter war die kleine Seele eine ganze Weile sehr nachdenklich. Isis Worte hatten sie nachhaltig beeindruckt, obwohl dann doch alles gut war und die alte Frau in Frieden hinüber gegangen war.

Es gab oft Situationen, in denen die kleine Seele die Menschen nicht verstand. So konnte es geschehen, dass sie mit Lilia einkaufen ging und da sie mittlerweile sitzen konnte, setzte Lilia Iris dann in den Einkaufswagen und fuhr mit ihr durch den Supermarkt.

Iris mochte das eigentlich gerne, konnte sie doch ganz viel sehen, hören und riechen, war eben mittendrin. Und gleichzeitig mochte sie das gar nicht, sie sah so viele leere Gesichter von Menschen, die volle Wagen vor sich hinschoben, in denen nur Sachen waren, die nicht hell strahlten. Außerdem sah sie ganz viele verbissene Gesichter von Menschen, die an der Kasse drängelten und so taten, als hätten sie keine Sekunde länger Zeit. Und dann gab es da auch Menschen mit ihren Kindern, die ganz ungeduldig waren und mit den Kindern schimpften – und die waren irgendwie ganz genervt und nervig... alles war nur noch unangenehm. Die kleine Seele schaute sich das durch die Augen von Iris an, die immer größer wurden und gar nicht fassen konnten, was denn die Menschen für ein Theater inszenierten.

Eigentlich ging es darum, leckere Lebensmittel auszusuchen und andere Dinge, von denen die Menschen glaubten, dass sie sie brauchten, alles war da und konnte gewählt werden... und was die kleine Seele rund um sich herum sah und fühlte, war Traurigkeit, Angst, Unfrieden, Unzufriedenheit, Gier und Wut. Dabei hätte es alles ganz fröhlich und lustig zugehen können.

Ganz nah gingen ihr Situationen, in denen Menschen sich nicht wirklich sahen, sondern auf irgendetwas reagierten und gar nicht auf das schauten, was eigentlich wesentlich war.

Und da gab es viel Momente an einem Einkaufsmorgen: der Chef, der mit der Verkäuferin schimpfte, so dass sie ganz erschrocken schaute, ... die Mutter, die ihr Kind anblaffte, weil es irgendetwas getan hatte, was sie nicht wollte, ... zwei Jugendliche, die lauthals miteinander stritten, ...

Dann verkroch Isis sich richtig in Iris Körper und schluchzte ganz herzzerreißend. Sie verstand einfach nicht, wie Menschen anderen so weh tun können, wo sie doch eigentlich ganz anders sein könnten.

Sie beschloss Isis zu rufen und zu fragen.

„Isis, warum tun Menschen Menschen weh? Ich verstehe das nicht, es gibt doch so viele Möglichkeiten in ihnen, soviel Kraft, die Leben will, ... warum tun Menschen sich beschneiden in ihrer Kraft, machen sich klein, beschimpfen sich, bekämpfen sich, warum sind sie so böse? Warum sind sie nicht so gut, wie sie sein können?"

„Du, das ist eine schwierige Frage, ... seit Jahrtausenden versuchen auch immer wieder einige Menschen, diese Frage zu beantworten. Und es gibt auch ganz viele Antwortversuche, aber letztlich gibt es nur eine Antwort: die Menschen haben die Möglichkeit zu wählen, wie sie sein wollen, sie können entscheiden, ob sie jetzt und hier böse oder gut sein wollen, ...und sie können es immer wieder entscheiden.

Die Menschen haben es in der Hand, wie es hier auf der Erde aussieht.

Weißt du, die Erde ist sozusagen wie ein Sandkasten und die Menschen sind wie die Kinder im Sandkasten. Das hast du ja schon gesehen: manchmal spielen die Kinder miteinander und es macht ihnen Spaß, und manchmal machen sie sich gegenseitig ihre Burgen kaputt, streiten um eine Schaufel oder einen Bagger und keiner hat Spaß.

Genauso ist das auf der Erde. Wenn die Seelen wieder auf die Erde kommen, wissen sie, dass sie die Möglichkeit haben, genau wie Kinder im Sandkasten zu sein – und dass sie dabei lernen können, wie es sich anfühlt, mit jemandem zu spielen oder gegen jemanden zu sein, ... ja, und für viele Menschen wird das Ganze so ernst, dass sie nicht mehr über den Sandkasten hinausgucken, sondern sich als Gefangene im Sandkasten fühlen und sich dann gegenseitig weh tun.

Dabei ist die Welt jeder Seele und damit auch jedes Menschen viel größer als der Sandkasten, verstehst du?"

„Meinst du damit, viele Menschen vergessen, dass sie viel mehr Möglichkeiten haben, als im Sandkasten zu spielen?"

„Ja."

„Das ist aber schade. Meinst du, sie wissen dann nichts mehr über den Himmel, die anderen Sterne, die anderen Zeiten, - sie sind sich nur noch des Sandkastens bewusst?"

„Ja, genau so."

„Uff, das ist aber schlimm, das will ich nicht. Ich will etwas immer wissen, weißt du, Isis, und das sage ich dir jetzt: Ich bin ein kleiner Funke von dem großen Einen, das schon immer ist, und ich will leuchten und die anderen Funken wieder treffen, mit ihnen spielen und so das große Eine ganz bunt und vielfarbig sein zu lassen. Ich liebe die anderen Funken und fühle mich mit ihnen eins, wir sind doch eins. Nur zusammen sind wir das große Eine, das schon immer ist und auch immer sein wird. Verstehst du, Isis?"

„Ja, klar, verstehe ich, auch ich bin ein Funke, wie du sagst, die Erde ist ebenfalls ein Funke, alles, was ist, sind einzigartige Funken, die zusammen das große Eine geben, das ich mir vorstelle wie einen wunderschönen leuchtenden weißen Energieball, in dem alles Zuhause ist."

„Ja, das fühlt sich gut an, ich bin schon Zuhause, ... ach, Isis, da müssen wir irgendwann weiterreden. Für heute reicht es mir, das ist so anstrengend, in all dem menschlichen Wirrwarr klar zu bleiben... es ist gut, dass du da bist und mir hilfst, mein Licht leuchten zu fühlen."

„Ja, du Kleine, ich liebe dich doch, und ich fühle doch, dass das Menschsein nicht so einfach ist... manchmal ist es verführerisch, das Leben nur noch als Sandkasten zu denken... und ich erinnere dich gerne daran, dass das ganze Universum dein Lebensraum ist und dein Zuhause immer schon da ist – in dir, in deiner kleinen Flamme, die Teil ist von dem großen Einen. Und für heute reicht es tatsächlich... schau mal, jetzt geht Lilia gerade an einem Eissalon vorbei, vielleicht kannst du so laut krähen, dass sie dir ein Eis kauft, was hältst du davon?"

Die kleine Seele hörte dies, fand das eine gute Idee und fing auch sofort sehr deutlich an, um ein Eis zu bitten – mit Iris lauter Stimme. Lilia hatte für sich schon entschieden, dass nun nach dem großen Einkauf eine Pause anstand und sie ins Café wollte, deshalb gab es für Iris ein Bällchen Vanilleeis, dass Lilia ihr nach und nach auf dem Löffel gab und sie selbst trank einen Cappuccino. Danach war Iris ganz zufrieden, fröhlich und total müde, so dass sie auf der Fahrt nach Hause sofort in ihrem Kindersitz einschlief.

 Iris lernt laufen

Als es mehr und mehr Frühling wurde, verbrachte Iris mit Lilia wieder viel Zeit im Garten. In den langen Wintermonaten hatte Iris gelernt, krabbelnd das ganze Haus zu erkunden und hatte dabei entdeckt, wie toll es ist, selbst an die interessanten Dinge heranzukommen und sie in die Hände nehmen zu können – manchmal auch in den Mund, was Lilia bei vielen Sachen nicht gefiel.

So hielt sie nichts davon, dass Iris zu den Blumentöpfen krabbelte und sich die Erde in den Mund stopfte. Sie rief dann immer ganz laut „Nein!", was Iris aber nicht störte, war sie doch ganz glücklich und auch stolz darauf, dass sie sich bewegen konnte und dies auch mehr und mehr zielgerichtet.

Am Anfang war das Krabbeln nämlich eher ein Robben gewesen und es war mehr ein zufälliger Erfolg, wenn sie in die richtige, also in die angepeilte Richtung vorwärtskam und sie erinnerte sich auch noch an einige Wutausbrüche, die sie hatte, als sie ganz am Anfang nicht vorwärts robben konnte, sondern sich rückwärts bewegte und sich immer mehr von dem Spielzeug entfernte, was sie greifen wollte. Aber das war nun vorbei, jetzt konnte sie krabbeln und wollte auch den Garten erkunden.

Manchmal hielt Lilia sie auch an den Händen und dann konnte sie schon aufrecht ein paar Schritte gehen... das fand sie so klasse, dass sie dabei ganz laut juchzte. Es war auch ein total schönes Gefühl, den Kopf gerade halten zu können und trotzdem alles zu sehen, beim Krabbeln musste sie den Kopf immer hochnehmen, wenn sie etwas sehen wollte.

Das fand sie echt lästig.... aber im Stehen konnte sie alles sehen.

Deshalb suchte sie sich auch immer etwas, an dem sie sich hochziehen konnte. Manchmal versuchte sie das aber an Dingen, die dafür nicht geeignet waren, so hatte sie es einmal probiert an einem Ding, das Lilia „Eimer" nannte.

Als sie sich hochzog, kippte dieses blöde Ding um und machte Iris ganz nass, denn es war mit Wasser gefüllt. Iris erschrak und fing ganz laut zu schreien an, was natürlich Lilia dazu veranlasste, sich umzudrehen, sie war gerade dabei, Pflanzen einzusetzen, und nach ihr zu schauen.

Als sie verstand, was geschehen war, kam sie zu Iris, die weinend und nass am Boden saß und tröstete sie – und zog sie dann komplett neu an, was Iris immer noch nicht mochte.

Seitdem war sie etwas vorsichtiger mit den Dingen, an denen sie sich hochzog, aber ganz oft fiel sie doch auf den Hintern. Manchmal war das Ding zu glatt wie der Kühlschrank in der Küche, manchmal war das Ding zu rau wie die Pfosten rund um Ameas Weide und manchmal kam sie einfach nicht dran, weil sie zu hoch waren wie der Stuhl.

Ganz oft war Iris dann enttäuscht, wurde wütend und plärrte entrüstet los, aber häufig ließ sie sich eben nicht entmutigen, sondern krabbelte einfach zum nächsten Ding und versuchte es dort noch einmal.

Als sie jetzt im Frühling so viel im Garten war, es war auch ein ausnehmend schöner warmer Frühling mit viel Sonnenschein und wenig Regen, entdeckte sie, dass sich der Gartenzaun auf dem kleinen Mäuerchen hervorragend zum Hochziehen eignete.

Das Mäuerchen ging ihr etwa bis zu den Knien – war also für die großen Menschen eigentlich nur so hoch wie eine Bordsteinkante und darauf war ein Maschendrahtzaun ziemlich straff gespannt. An dem konnte sich Iris mit Erfolg hochziehen und je mehr sie

es übte, desto schneller und jeden Tag gelang es ihr, ein paar Schrittchen mehr am Zaun entlangzumachen.

Am besten war sie, wenn niemand sie beobachtete und sie ganz ungestört war. Dann konnte sie sich ganz drauf konzentrieren und war dann richtig stolz. Und wenn sie müde war, dann ließ sie sich einfach auf den Hintern plumpsen und blieb ein bisschen sitzen, schaute nach den Grashalmen, riss welche ab und rupfte auch die Gänseblümchen und später auch die Schlüsselblumen ab.

Sie wusste schon, dass sie das alles nicht in den Mund stecken sollte, aber manchmal vergaß sie es....

An einem sonnigen Tag, als sie wieder mit Lilia draußen war und ihre Mutter wieder am Umgraben der Beete war, lief Iris am Zaunmäuerchen entlang und sah einen wunderschönen Stein vor sich auf dem Boden liegen, den sie unbedingt genauer anschauen wollte. Sie ließ den Zaun los und ging ein paar Schritte auf den Stein zu, ließ sich auf den Boden fallen und griff sich den Kiesel.

Es fiel ihr gar nicht auf, dass sie sich nicht mehr festgehalten hatte. Und da sie niemand beobachtete, stellte niemand fest, dass Iris freihändig laufen konnte.

Das war aber gar nicht schlimm, denn abends im Wohnzimmer nach dem Abendessen spielten alle noch ein wenig zusammen. Marco einen Ball mitgebracht und rollte ihn Iris zu. Iris mochte Bälle, weil sie so schnell, so bunt und so rund waren. Sie griff also nach dem Ball und weil er nicht groß war, konnte sie ihn in die Hand nehmen. Sie ließ ihn dann fallen und er rollte weg. Das fand sie schade und wollte ihn wiederhaben.

Da er aber zwischen dem Sessel und dem Sofa liegengeblieben war, konnte sie dort nicht hineinkrabbeln, dazu war es zu eng. Sie zog sich am Sessel hoch und ging um ihn herum, ließ ihn los und tappte ein paar Schritte auf den Ball zu .... und da sahen ihre Eltern, dass sie laufen konnte, ohne sich festzuhalten.

Sie schauten sich lächelnd an und freuten sich ganz arg – und als Iris dann auf den Boden plumpste, um den Ball in die Hände zu nehmen, klatschten sie in ihre Hände und sagten Iris, wie toll es sei, dass sie eben ein paar Schritte alleine ohne Hilfe gegangen sei.

An ihrer Reaktion sah Iris, dass das etwas Besonderes war und grinste in sich hinein, wissend dass es nicht ihre ersten Schritte waren, aber das musste ja niemand außer ihr wissen.

 Die Urgroßmutter ist da

In diesem Sommer war es für Lilia schwierig, Iris zum Schlafen zu legen. Iris war so neugierig und so wissbegierig, dass sie einfach keine Zeit zum Schlafen hatte. Und so protestierte sie jedes Mal lautstark, wenn Lilia etwas von Schlafen sagte oder nur das Wort „Bett" im Zusammenhang mit ihr erwähnte, vor allem wenn sie es tagsüber war, denn Iris wollte partout keinen Mittagsschlaf mehr machen.

Sie fand das wirklich überflüssig, aber wie das halt so ist, meistens haben die Mütter dann doch den längeren Atem und so „überredete" sie Iris regelmäßig zu einem Schläfchen... wenn Iris ehrlich war, musste sie ja zugeben, dass sie hinterher immer wieder viel besser gelaunt war und manches ihr viel leichter fiel als ohne den Schlaf.

So geschah es an einem schönen Sommertag, dass Lilia Iris nach dem Mittagessen in dem Wagen zum Schlafen unter den Kastanienbaum stellen wollte. Nachdem Iris genug gezetert hatte, ergab sie sich, weil sie wirklich müde war und schloss die Augen. Sie schlief ein und träumte.

Sie träumte davon, dass sie die Urgroßmutter wiedersah. Die Urgroßmutter kam sie unter dem Baum besuchen, setzte sich neben sie auf den großen Stein und schaute Iris ernst an. Iris freute sich, die alte Frau wiederzusehen und war ganz erstaunt, dass sie jung wirkte, ein fröhliches Gesicht hatte und ein wunderschönes helles Kleid trug. Normalerweise hatte die Uroma immer dunkle Kleidung getragen.

Die Uroma fing an, mit ihr zu sprechen. „Hallo Iris, na Kleine, es fällt dir wohl schwer, mittags noch zu schlafen! Das freut mich, denn es zeigt mir, dass du Spaß daran hast, deine Erde zu erkunden, oder?"

Iris antwortete ihr: „Ja, Uroma, es macht Spaß, hier zu sein. Ich bin so neugierig. Ich will alles sehen, hören, fühlen, schmecken, ertasten... manchmal bin ich ganz voll von den vielen Eindrücken und könnte einfach nur jauchzen über all das Schöne, was ich sehe. Alles bewegt sich und ich kann sehen, wie die Bäume sich freuen, wenn ich sie begrüße. Und ich kann spüren, wie sich das Wasser freut, wenn ich in ihm plansche und mit ihm spiele. Oder ich freue mich ganz arg, wenn ich mit Cleo und Amea erzählen kann und ihnen bei ihren Geschichten zuhören kann.

Manchmal finde ich es richtig schade, dass ich nur immer eine Sache tun kann. Ich kann nicht zwei Sachen gleichzeitig tun – und dann kostet alles so viel Zeit... und ich meine, dass ich alles ganz schnell machen muss.

Naja, und dann brauchen so unnütze Dinge wie essen und gewickelt werden auch so viel Zeit, da werde ich dann immer ganz ungeduldig, irgendwie ist das nicht gut eingerichtet."

Die Uroma schmunzelte und strich Iris über den Kopf. „Ja, ich finde es schön, wenn ich dich besuche, - und ich komme oft vorbei, um nach dir zu schauen – und dann sehe ich dich so fröhlich und höre dein Jauchzen!

Aber weißt du, du kannst dir Zeit lassen, du wirst genug Zeit haben, um alles, was dir wichtig ist und was du dir vorgenommen hast, zu erleben... du brauchst nicht so hetzen!"

Iris hörte erstaunt zu, denn sie war ganz überrascht, was die Uroma erzählte. Sie hörte zwar, dass sie sagte, sie habe genügend Zeit, aber viel spannender fand sie, dass sie hörte, die Uroma besuche sie ganz oft. Davon hatte sie noch nichts gemerkt... oder... sie fing an, nachzudenken, aber sie erinnerte sich nicht.

Doch auf einmal fiel ihr ein, dass sie ab und zu ganz plötzlich an die Urgroßmutter denken musste. Ihr fiel ein, dass sie neulich in der Badewanne, als Marco sie badete, das Gefühl hatte, aus dem Schaum schaue ihr die Uroma entgegen... als sie das dachte, blickte sie auf und in das Gesicht der alten Frau, die bestätigend nickte: „Ja, ich war da und das meine ich, wenn ich sage, dass ich dich oft besuche, ich komme einfach mal vorbei und sehe nach dir und meinen Lieben."

Da freute sich Iris und dankte der Uroma, denn sie fand das ganz schön. Und es erinnerte sie daran, dass sie auch oft nach ihren Lieben schaute, wenn sie einen ihrer Ausflüge in den Himmel machte. Und so wie sie wusste, woher sie kam und dahin zurückgehen konnte, konnte die Uroma das auch, d.h. sie war nicht ganz weg, sondern auch für sie gab es Übergänge von der einen Welt in die andere.

Das fand Iris ganz tröstlich und dankte ihrer Uroma, dass sie ihr das gezeigt hatte. Und da sie gerade wieder ziemlich unternehmungslustig war, fragte sie sie, ob sie nicht gleich mal zusammen einen Ausflug machen könnten. Und schon waren sie zusammen auf den Weg in den Himmel und Iris flog mit ihr nach Indien und zeigte ihr, wo ihre Sternenfreundin als Ramsi lebte. Die Uroma ließ sich alles genau zeigen und war genauso fröhlich und glücklich wie Iris. Sie brachte Iris dann wieder heim in den Kinderwagen unter den Kastanienbaum und als sie sich verabschiedeten, verabredeten sie sich zu einem nächsten Ausflug, da wollte dann die Uroma ihr etwas zeigen.

Als Iris aufwachte, war sie noch ganz erfüllt von dem Abenteuer und erzählte es sofort der großen Kastanie, die ihr aufmerksam zuhörte und ab und zu verständnisvoll mit ihren Blättern rauschte, so dass Lilia eine ganz zufriedene, vor sich hin plappernde Iris fand, als sie nach ihr schaute.

Und übrigens: nach diesem Erlebnis freute sich Iris wieder auf ihren Mittagsschlaf.... was Lilia sehr wunderte, aber auch freute, weil es ihr den Tag leichter machte.

Iris aber rief bei der nächsten Gelegenheit Isis zu sich und erzählte ihr von der Begegnung mit der Urgroßmutter. Isis bestätigte Iris, dass alles seine Richtigkeit hatte: Menschen, die gestorben sind, haben eigentlich nur ihren Körper verlassen und sind hinüber

gegangen in eine andere Welt, wo sie sich aufhalten, bis sie wieder auf der Erde oder auf einem anderen Stern inkarnieren, das heißt, einen neuen Körper bewohnen, in dem sie lernen dürfen. Dieser Zwischenraum ist genau das Sternenzelt, in dem auch die kleine Seele lebte, bevor sie als Iris geboren wurde.

Als Isis ihr das bestätigte, war Iris sehr zufrieden, denn mittlerweile vergaß sie immer mehr von ihrem Leben in dem Sternenzelt und darüber war sie manchmal traurig, andererseits gab es so viel Neues auf der Erde zu entdecken, dass sie auch glücklich war.

Alles ist Energie

An einem Abend hatte Lilia etwas Wichtiges vor, da aber Marco arbeiten musste und auch die Großmutter kurzfristig absagte, nahm Lilia Iris mit. Sie packte sie in ihr Körbchen, das ihr schon fast zu klein war, aber darin konnte sie noch gut liegen und auch schlafen und dann fuhren sie zusammen zu einer Freundin von Lilia.

Anna war eine Frau, die auch Iris sehr gern mochte. Bei Anna hatte sie immer das Gefühl, sie würden sich ohne Worte verstehen. Außerdem erinnerte sie sich daran, dass ihr Anna einmal sehr geholfen hatte: sie hatte wieder mal Blähungen, die ganz schmerzhaft waren, und Anna hatte ihr nur eine Hand auf den Bauch gelegt – und dann fühlte Iris ganz viel Wärme, eine freundliche Kraft floss in ihren Bauch und half ihr, die notwendigen Fürzchen zu machen, damit alles wieder gut war.

Seitdem freute sie sich immer, wenn Anna sie anfasste. Diese Kraft war nämlich immer in ihren Händen zu spüren, eigentlich war sie, um die ganze Anna herum zu fühlen wie ein freundliches helles Feld. Und Iris hatte das Gefühl, diese Kraft zu kennen, sie war ihr ganz vertraut. Es war so, als wäre sie in dieser Kraft zuhause.

Iris hatte danach Isis gerufen und sich erklären lassen, was denn mit Anna los sei. Isis hatte ihr das so erklärt: „Alles ist Energie und schwingt. Und überall ist diese lebendige Energie, die auch Lebenskraft heißt. Es gibt immer schon Menschen, die gelernt haben, diese Energie zu nutzen, indem sie ihren Körper als Kanal zur Verfügung stellen, die Energie durch sich hindurchfließen lassen und anderen über die Hände zur Verfügung stellen. Sie legen dabei die Hände auf den Körper der anderen Menschen und diese nehmen die Energie dafür, wo sie sie brauchen."

Iris verstand das sofort, denn es war genau das, was sie erlebt hatte. Durch Anna war Energie geflossen, die sie ihr über die Hände gegeben hatte. Und diese Energie war nichts Fremdes, sondern das, worin wir alle leben. Sie war nur kanalisiert und damit irgendwie gebündelt. Und gleichzeitig war es so, dass Iris, als sie noch die kleine Seele war ohne den

menschlichen Körper, in dieser Kraft gelebt hatte und sie viel deutlicher spüren konnte als jetzt.

Heute wollte nun Lilia sich das genauer anschauen, um es auch zu lernen. Sie wollte das schon lange und nachdem sie von Anna so viel davon erzählt bekommen hatte, stand ihr Entschluss fest. Einmal war Anna bei ihr auf dem Hof gewesen und sie hatte ihr Amea gezeigt, die auf dem einen Bein lahmte. Anna hatte sich dem Pferd vorsichtig genähert und Amea hatte ihr erlaubt, die Hände aufzulegen.

Nach ein paar Minuten wurde das Pferd dann unruhig und schüttelte Annas Berührung ab – und dann geschah das Erstaunliche, sie konnte wieder ohne zu lahmen gehen. Als Dank rieb sie ihren Kopf liebevoll an Annas Schulter, schnaubte einmal kräftig und wandte sich zufrieden dem Grasen zu.

Lilia war davon ganz beeindruckt und mehr als tausend Worte hatten sie Ameas Empfinden und Reaktion bestätigt darin, dass sie das Handauflegen lernen wollte. Das System, das Anna lehrt, heißt Reiki. Das ist ein japanisches Wort und heißt übersetzt: universelle Lebensenergie.

Lilia war schon ganz aufgeregt und freute sich sehr auf den Reiki-Treff. Sie würde endlich mehr erfahren. Iris indessen fand es spannend, dass sie mitkommen konnte, weil zufällig kein Babysitter für sie da war. Sie nahm sich fest vor, nicht einzuschlafen, sondern ganz aufmerksam zu sein.

Lilia stellte sie in ihrem Korb in einer Ecke des Wohnzimmers ab. Es waren noch drei andere Menschen da – zwei Männer und eine Frau – und natürlich Anna. Anna erzählte dann ein wenig über Reiki, als sie miteinander im Kreis saßen, und lud dann aber alle ein, zu sagen, warum sie gekommen seien.

Die drei anderen waren schon Schüler bzw. Schülerin bei Anna und trafen sich regelmäßig mit ihr, um sich über die Erfahrungen auszutauschen und sich gegenseitig zu behandeln. Sie luden Lilia ein, ihr eine Behandlung zu geben. Lilia stimmte gerne zu und legte sich dazu auf eine Liege. Die drei anderen stellten sich um sie herum und sprachen mit Anna ab, was sie tun sollten. Dann begannen sie, die Energie durch sich hindurch fließen zu lassen.

Für Iris veränderte sich der Raum sofort: sie spürte Wärme und es wurde für sie ganz hell. Sie fand das ganz schön. Außerdem sah sie, wie die Menschen zu strahlen anfingen, es war, als würde ein Licht von ihnen ausgehen. Iris konnte gar nicht mehr genau sehen, wo ihre Körper aufhörten. Dann begannen sie, die Hände aufzulegen und Lilia Energie anzubieten.

Das fand Iris höchst interessant: Anna hatte alle noch einmal daran erinnert, dass sie die Energie nur anbieten und dass die Nehmende entscheidet, was sie nimmt, wofür sie es nimmt und wieviel. Sie müssten nur auf ihre Hände hören, sie würden ihnen schon zeigen, was getan werden müsse. Für Iris hörte sich das stimmig an und sie freute sich, dass Lilia nun so ein schönes Geschenk erhielt.

Sie entspannte sich und wurde leider doch so schläfrig, dass alle guten Vorsätze nichts nutzten und sie einschlief.

Sie wurde wieder wach, als Lilia den Korb hochhob und sie zum Auto trug. Lilia wirkte glücklich und strahlte, so dass Iris entschloss, gar nicht richtig wach zu werden, sondern zufrieden wieder in ihren Träumen versank.

☆ Iris wird krank

Lilia war nun fest entschlossen, auch Reiki zu lernen. Sie wollte das bei Anna tun und sie war sich auch sicher, dass sie nicht mehr lange damit warten würde.

Aber erst passierte noch etwas, das alle Menschen, die Iris kannten, sehr beschäftigte.

Nachdem Iris mit auf diesem Reiki-Abend gewesen war, wurde ihr einiges verständlicher. Sie merkte, dass sie sich immer mehr in ihrem Körper befand und dass es für sie immer schwieriger wurde, ihn noch zu verlassen und in das Sternenzelt und die anderen Welten zu fliegen.

Sie wohnte immer mehr im Iris-Körper und so schön sie es auch fand, mit diesem Körper die Welt zu entdecken, zu riechen, zu schmecken, zu hören, zu sehen, zu tasten, laufen zu lernen und immer mehr Menschen kennen zu lernen, desto trauriger wurde sie darüber, dass die andere Welt sich immer mehr für sie verschloss.

Und das war ja auch körperlich spürbar. Als sie geboren wurde, hatte sie oben im Kopf – am Scheitelchakra – eine offene Stelle, die in den ersten zwei Lebensjahre immer mehr zusammenwuchs und verknöcherte. Dadurch schloss sich auch ein Tor – das Tor zur anderen Welt war nicht mehr so leicht zu finden wie in den ersten Monaten. Manchmal war Iris ganz verzweifelt darüber und weinte ganz bitterlich, wenn es ihr mal wieder nicht gelang, in den Himmel zu fliegen.

Lilia wunderte sich darüber, dass ihre kleine Tochter so oft ganz traurig war und vor sich hinstarrte. Manchmal schien Iris sie gar nicht zu hören, wenn sie sie ansprach, aber es schien Lilia so, dass sie nicht träumte, sondern wirklich in Trauer versunken war. Sie begann sich Sorgen zu machen.

Als ihre Mutter sie wie so häufig besuchte, weil sie sehen wollte, wie es Lilia, Marco und Iris ging und ihre kleine Enkelin gerade an diesem Tag wieder so traurig war, fasste Lilia sich ein Herz und sprach ihre Mutter darauf an.

Rona schaute sie ernst an und erzählte ihr, dass auch Lilia als kleines Kind eine Phase gehabt hatte, wo sie ganz traurig war. „Lilia, ich kenne das, du warst auch eine Zeitlang

ganz traurig und viel ruhiger. Ich habe damals gespürt, dass du dich von etwas verabschiedest, um ganz hier sein zu können. Mir schien es so, als würde ein Teil von dir erst nach und nach hier ankommen.

Du kennst doch die Geschichte von dem weisen Mann, der das erste Mal im Auto mitgenommen wird. Als er am Ziel aussteigt, bedankt er sich, setzt sich an den Straßenrand und wartete. Die Leute um ihn herum wunderten sich und endlich fragte ihn einer mutig, worauf er denn warte. Er habe doch jetzt Zeit gespart und könne seinen Erledigungen nachgehen. Daraufhin gab ihm der Mann folgende Antwort: ‚Ja, mein Körper ist schon hier, aber meine Seele braucht länger – und ich warte hier auf sie.'

Weißt du, Lilia, und so ähnlich stelle ich mir die Geburt von einer Seele auf unserer Erde vor, bis die Seele tatsächlich ganz hier angekommen ist, braucht es seine Zeit oder ihre Zeit."

Während Lilia ihrer Mutter zuhörte, konnte sie langsam entspannen, denn sie spürte tief in ihrem Herzen, dass Rona recht hatte. Fast war es ihr, als könne sie sich an die Traurigkeit erinnern, die sie selbst gefühlt hatte, als sie mehr und mehr auf der Erde ankam und sich die anderen Welten nach und nach verschlossen. Sie schaute zu ihrer traurigen Kleinen und es tat ihr weh, sie so zu sehen – und gleichzeitig hatte sie das Gefühl, sie verstehen zu können.

Einige Tage nach diesem Besuch wurde Iris krank, sie hatte eine Erkältung, die immer schlimmer wurde und schließlich hatte sie ein Lungenentzündung mit hohem Fieber. Ihr kleiner Körper glühte und Marco und Lilia hatten wirklich Angst um sie.

Iris merkte nur, dass es im Fieber sehr viel leichter war, den Körper zu verlassen und zu fliegen – und so flog sie in das Sternenzelt und sah sich alles genau an, sie flog an ihre Lieblingsplätze, besuchte auch einmal den Planeten, wo alles so wunderschön blau ist. Auch nach ihrem Freund Ramsi schaute sie und freute sich, dass er so glücklich in der Werkstatt seines Vaters spielte. Dann spielte sie mit den anderen Seelen Sternschnuppenregen und auch Verstecken in den Wolken und noch vieles mehr.

Doch dann kam Isis zu ihr und sagte ihr, dass sie miteinander reden müssten. Iris wollte erst nicht, denn sie spürte, dass es um etwas ganz Ernsthaftes ging. Dabei wollte sie doch mit den anderen spielen, aber Isis blieb streng und nahm sie mit an einen ruhigen Platz.

Und dort rief Isis ihr viele Dinge in Erinnerung, indem sie ihr Iris Leben wie einen Film vorspielte: da gab es Szenen, in denen die kleine Seele sich ihren Platz für das nächste Leben ausgesucht hat. Es war zu sehen, wie sie nach Eltern suchte, wo sie genau das lernen konnte, was sie lernen wollte und was für ihre Seele anstand.

Sie sah und fühlte ihre große Freude noch einmal, als sie das erste Mal auf den Hof zu Marco und Lilia kam. Sie spürte auch noch einmal, wie sicher sie sich war, dass das richtige Platz sei. Und dann sah sie ganz viele Situationen, die alle zeigten, wie sie sich mehr und

mehr an diesem Platz niederließ, erst als kleine Seele und dann immer häufiger in dem kleinen Körper von Iris vor der Geburt.

Nach der Geburt änderte sich die Perspektive und sie wohnte in dem menschlichen Körper und richtete sich dort ein, lernte ihn kennen und machte ihn sich vertraut. Iris sah und fühlte noch einmal, wie sie am Anfang verwirrt war über Gefühle wie Hunger und Durst, aber auch Wut und Freude ihr erst langsam vertrauter wurden. Dann sah sie sich auf der Wiese im Kinderwagen mit dem Wind reden und der Kastanie zuhören.

Isis zeigte ihr viele Stationen von ihrem Weg in das menschliche Leben hinein, auch die schmerzhaften Seiten sah sie noch einmal. So konnte sie fühlen, wie es sie schmerzte, als die ersten Zähne kamen und sie sich mehr und mehr verwurzelte in dem Körper. Und sie sah und merkte auch die Freude über das Lernen in dem Körper, als sie sitzen konnte und dann stehen – und das Beste war das Laufen.

Es war komisch, sich diesen Film anzuschauen und noch einmal alle Gefühle zu spüren und gleichzeitig tröstete es Iris sehr.

Isis stoppte dann den Film und fragte Iris sehr ernst: „Was willst du? Willst du weiter in dieses Leben hineingehen oder willst du es jetzt wieder verlassen?"

Iris wurde ganz still. Noch war sie erfüllt von dem Spielen und ihrer Reise vorher – und dann jetzt auch von den Bildern .... sie atmete tief durch und schwieg.

Etwa zu dieser Zeit lief auf der Ebene in Iris Zimmer folgendes ab:

Lilia hatte Iris noch einmal Fieber gemessen und es war immer weiter gestiegen, so dass Lilia jetzt wirklich Angst um ihre Tochter hatte. Obwohl Nacht war, rief sie die Kinderärztin an und bat sie, dringend herauszukommen. Sie machte Iris neue Wadenwickel, gab ihr noch ein Fieber senkendes Zäpfchen und flößte ihr etwas zu trinken ein.

Während dessen wartete Isis auf der anderen Ebene der Realität immer noch auf eine Antwort von Iris.

Nach langem Zögern und reiflicher Überlegung sagte sie leise: „Ich will weiter in diesem Leben leben. Bitte hilf mir!"

Isis nahm die Kleine in ihre Arme und tröstete sie. Sie wusste um den Schmerz, den es bedeutet, immer mehr aus dieser Welt herauszugehen, um ganz in die andere gehen zu können. Und sie wusste auch, dass es für viele Menschenkinder tatsächlich eine Krise gibt, die sich oft in schweren Krankheiten zeigt, in der sie noch einmal entscheiden, dass es stimmt, jetzt und hier auf der Erde zu leben.

Sie sagte zu Iris. „Kleine, es wird immer so bleiben, dass du mich rufen kannst. Ich bin die Verbindung für dich zu dieser Welt. Ich bin dein Engel und manchmal kannst du mit mir fliegen – in deinen Träumen oder auch wenn du Löcher in Luft stierst, aber dein Platz ist jetzt auf der Erde. Und eines kann ich dir als Trost mitgeben: je mehr du dich in der Erde verwurzelst, desto weiter wirst du in den Himmel fliegen können, denn Menschen sind wie Bäume, wenn sie tiefe Wurzel haben, können sie weit in den Himmel wachsen."

Iris fühlte sich getröstet und hatte das Gefühl, einen ganz schweren inneren Kampf ge-kämpft zu haben. Es war ein Kampf mit sich selbst und sie hatte nun bekräftigt, dass ihre Entscheidung, als Tochter bei Lilia und Marco zu leben, richtig war. Und sie hatte die Zu-sage von Isis erhalten, dass sie ihr Engel war und bleiben würde. Sie ging deshalb zurück in ihren menschlichen Körper und schlief völlig erschöpft ein.

An ihrem Bett wachten Marco, Lilia und die Ärztin. Mittlerweile war früher Morgen und normalerweise steigt dann noch einmal das Fieber an, aber die Erwachsenen konnten fühlen und dann auch mit dem Fieberthermometer bestätigt sehen, dass bei Iris das Fie-ber sank und sie über den Berg war.

Als Lilia das sah und spürte, fiel sie Marco ganz erschöpft in die Arme und fing zu weinen an, so löste sich langsam ihre Anspannung. Sie wusste tief in ihrem Herzen, dass Iris eine Entscheidung getroffen hatte und nun bei ihnen bleiben würde.

Marco und Lilia waren darüber wirklich sehr erleichtert, denn sie liebten Iris sehr und es wäre sehr schlimm für sie gewesen, wenn sie sich schon jetzt hätten von ihr verabschie-den müssen.

In den nächsten Tagen war Iris zwar noch schwach, immerhin hatte sie mehrere Tage hintereinander sehr hohes Fieber gehabt und einen schlimmen Husten, der sie immer noch quälte, aber sie war wieder fröhlich und manchmal lachte sie auch schon wieder aus vollem Herzen, soweit es ihr Husten zuließ.

In dieser Zeit entschied Lilia, dass sie so bald wie möglich mit ihrer Tochter in eine Krabbelgruppe gehen würde, damit Iris mehr andere Kinder treffen könnte. Leider war jetzt schon später Herbst und die nächste Gruppe startete erst im neuen Jahr nach Weihnachten, aber sie nahm sich fest vor, es nicht aus den Augen zu verlieren.

☆ Weihnachten: Gott ist im Kleinen lebendig

Mittlerweile war es schon der zweite Herbst, den Iris erlebte. Sie konnte inzwischen gut laufen, versuchte schon zu sprechen und nannte Lilia schon Mama und Marco Papa. Außerdem konnte sie noch Ama für Amea, Leo für Cleo, Auau für Auto und Bubu für schlafen sagen.

Iris mochte es gar nicht, dass so viel Zeit vom Tag dunkel war, und gleichzeitig hatte das einen ganz eigenen Reiz, denn es gab einige ganz besondere Dinge. So war sie das erste Mal mit Lilia und Opa auf einem Umzug mit vielen Kindern gewesen, an dem viel gesungen wurde, Marco auf Amea vor den Kindern her ritt mit einem leuchtend roten Umhang, das war richtig feierlich. Alle Kinder hatten Laternen in den Händen und zum Abschluss gab es für alle große Brezeln. Die Erwachsenen bekamen noch etwas, das Glühwein hieß,

dass sie aber nicht probieren durfte, sie bekam warmen Tee aus ihrer Flasche. Das war auch in Ordnung, denn es war wirklich kalt.

Ein paar Wochen später banden Marco und Lilia viele Kränze aus Tannen und schmückten sie mit jeweils vier Kerzen und Schleifen. Sie nannten sie Adventskränze und ganz viele Menschen kamen und kauften jeweils einen davon.

Manche brauchten lange, bis sie sich für einen entscheiden konnten. Manchmal fragte Marco auch nach besonderen Wünschen und fertigte dann genau einen solchen Kranz an. Der größte Kranz war so groß, dass Marco ihn auf den Anhänger vom Traktor lud und ihn zusammen mit einigen anderen auf dem Marktplatz aufhing.

Auch zuhause hatten sie einen schönen großen Kranz im Wohnzimmer. An einem Tag zündete Lilia die erste Kerze an und obwohl Iris wollte, dass sie die anderen ebenfalls anzündete, tat sie es nicht.

Sie erklärte: „Das ist ein Adventskranz, Iris, er hilft uns, die Tage zu zählen, bis Weihnachten ist, und er zeigt uns, dass die Tage immer kürzer werden und wir immer mehr Licht brauchen. Deshalb zünde ich nächste Woche zwei Kerzen an und dann noch ein paar Tage später schon drei, bis an den kürzesten Tagen alle vier brennen. Dann werden die Tage schon wieder länger und auch Weihnachten kommt.

Weihnachten ist ein Fest, das ein großer Teil der Menschen feiert. Sie erinnern sich daran, dass vor langer Zeit ein Kind geboren wurde, von dem erzählt wurde, dass es ein ganz besonderes Kind war. Sein Name war Jesus und nach seinem Tod haben die Menschen gesagt, er ist der Sohn Gottes."

Iris hörte das zwar, aber fand es verwirrend: kurze Tage, Lichter, Geburt von einem Kind, vor langer Zeit, und so weiter. Sie entschied, Isis zu rufen und sie zu fragen, denn Lilia konnte sie sich noch nicht verständlich machen.

Also rief sie Isis zu sich: „Isis, kannst du mir erklären, was das alles bedeutet?"

Isis antwortete ihr: „Ja, das kann ich. Am einfachsten ist es, wenn du dir vorstellst: vor langer Zeit entdeckten die Menschen, dass es verschiedene Jahreszeiten gibt, die sich immer wiederholen, das sind Frühling, Sommer, Herbst und Winter. Das kommt dadurch zustande, dass die Erde ein Stern ist, der sich im Himmel bewegt, und nicht immer fällt gleich viel Licht von der Sonne auf die Erde. Es gibt innerhalb eines Jahres eine Zeit mit viel Licht, das ist bei uns Sommer, und es gibt eine Zeit, in der Tage kürzer sind, es also weniger Licht gibt, das ist hier der Winter.

Weil die Tage mit wenig Licht für die Menschen schwieriger waren, sie brauchten mehr Kleidung und Feuer, um es warm zu haben, konnten nur von ihren Vorräten aus der Ernte vom Sommer leben und benötigten Licht, um etwas zu sehen, freuten sie sich auf die Zeit, wenn wieder mehr Licht auf die Erde fällt. Verstehst du?"

„Ja, das kann ich gut verstehen. Ich bin jetzt immer so müde, wo die Tage so kurz sind. Außerdem friere ich ganz oft und bin froh, wenn Lilia mir ganz viele Sachen anzieht."

„Genau, eigentlich ist der Winter eine Zeit zum Ruhen, deshalb machen auch so viele Tiere Winterschlaf, zum Beispiel der Igel aus eurem Garten, der hat im Sommer so viel gegessen, dass er jetzt schlafen kann, bis wieder Frühling wird, ohne Hunger zu haben. Er hat sich irgendwo ein warmes ruhiges Plätzchen gesucht und da bleibt er nun, bis es wieder wärmer wird.

Ja, und die Menschen warten auf den Tag, nach dem die Tage wieder länger werden. Der Tag heißt Wintersonnenwende. Die Menschen glaubten, dass da die Sonne wiedergeboren wird und hatten auch immer Angst, weil sie nicht wussten, ob die Sonne wirklich wiederkommt und stark genug ist, dass wieder Frühling werden kann. Deshalb haben sie in der dunkelsten Nacht auch ein Fest gefeiert, um die Nacht zu ehren und die Sonne zu rufen.

Und dann kam eine Zeit, in der die Menschen glaubten, dass Gott die Sonne ist oder in der Sonne ein Gott wohnt. Verstehst du das?"

„Meinst du, die Menschen dachten, Gott ist die Sonne, weil sie Licht und Wärme zum Leben brauchen... das verstehe ich, aber was hat das mit dem Kind Jesus zu tun?"

„Von Jesus wurde gesagt, dass er der Sohn Gottes ist und deshalb, dachten die Menschen, muss er geboren werden, wenn auch die Sonne als Zeichen für Gott wiedergeboren wird, und sagten daraufhin, dass sein Geburtstag an Wintersonnenwende zu feiern ist.

Das hat sich durch die Bewegung der Erde in den letzten zweitausend Jahren etwas verschoben, so dass wir heute etwa drei Tage später als Wintersonnenwende Weihnachten feiern. Weihnachten ist für viele Menschen die geweihte Nacht, in der Gottes Sohn Jesus geboren wird."

„Ach so, dann feiern wir sozusagen Geburtstag und die Kerzen auf dem Adventskranz sagen uns, wie lange es noch dauert. Das ist aber schön. Aber, eines verstehe ich noch nicht, Isis, warum feiern so viele Menschen den Geburtstag von Jesus, ist denn nicht jedes Kind ein Kind von Gott?"

„Ja, da hast du recht! Ich glaube auch, dass jedes Kind ein Kind von Gott ist. Wir haben da schon mal drüber gesprochen, erinnerst du dich? Da sprachen wir davon, dass jede und jeder von uns in sich einen Funken trägt und wir zusammen sind das groß Eine.

Ich glaube, dass die Menschen das große Eine meinen, wenn sie von Gott sprechen. Und die Geburt von einem Menschen zu feiern und zu sagen, sie oder er ist Gottes Kind, rührt mich an. Weil damit deutlich wird, jedes Kind ist Teil von Gott und in dem Göttlichen geborgen. Anders gesagt, Menschen dürfen so klein und hilflos sein und sind gerade damit Gottes Kind. Das finde ich sehr tröstlich für die Menschen. Sie könnten sich viel mehr geliebt fühlen, sie sind Teil des Göttlichen und damit so, wie sie sind, okay."

„Dann ist das aber ein schönes Fest. Dann können sich die Menschen erinnern, dass ein Licht in die Welt kommt – immer wieder neu, wenn ein Kind geboren wird, und sie können

sich erinnern, dass sie selbst auch ein solches Gottes Kind sind. Eigentlich müssten wir dann ja alle unseren Geburtstag auf Wintersonnenwende oder Weihnachten legen. Ich glaube, dann will ich auch Weihnachten feiern.... kannst du noch ein bisschen mehr erzählen?

„Ja, das kann ich, aber am besten erzählt es ein Mensch, der Lukas heißt und die Geschichte von Jesus so aufgeschrieben hat, wie er sie gehört hat."

Dann las Isis der kleinen Iris die Weihnachtsgeschichte aus dem Lukas Evangelium vor und Iris erfuhr von Maria und Joseph, dem Stall, den Engeln, den Hirten und den drei heiligen Königen und freute sich darüber, dass so viele Menschen von Jesus Geburt gehört hatten und diese feierten. Das erinnerte sie an das Geburtsfest, dass Lilia und Marco für sie veranstaltet hatten. Es war ein schönes Gefühl gewesen, so willkommen zu werden.

 **Iris trifft Kim**

Im Januar lag viel Schnee und es war richtig kalt. Iris liebte es, wenn die Sonne auf den Schnee schien, dann war es ganz hell und alles strahlte und glitzerte. Mittlerweile konnte sie schon ganz viele Worte sagen, dazu gehörte auch „snee". Außerdem hatte sie das Wort „Nein" entdeckt und sie konnte es in unzähligen Varianten sagen – manchmal ganz leise und sehr zart, dann aber auch wieder sehr entschieden, laut und bestimmt. Lilia und Marco konnten sich nicht immer darüber freuen, denn, wenn ihre Tochter ihr ganz bestimmtes Nein hören ließ, wussten sie, dass alles Verweigern ihrerseits nur Stress bedeuten würde.... so lange, bis Iris ihren Willen hatte, oder es würde ihre Eltern viel Kraft kosten, Iris Gezeter und Geschrei zu ignorieren und ihr nicht ihren Willen zu lassen.

Gleichzeitig waren sie total stolz darauf, dass ihre Tochter wusste, was sie wollte und dies auch laut verkündete. Also suchten sie immer wieder den berühmten Mittelweg, den Willen ihrer Tochter zu stärken und gleichzeitig auch noch Grenzen zu setzen. Abends waren sie manchmal ganz erschöpft, weil es gut sein konnte, dass Iris sie an einem Tag nicht nur einmal an ihre Grenzen gebracht hatte, sondern mehrmals.

Lilia schien es nun tatsächlich an der Zeit, dass Iris auch mehr mit anderen Kindern zu tun bekam. Sie trafen sich zwar oft mit ihrer Freundin Rosa, die auch eine Tochter hatte, aber Sina war etwas älter als Iris und die beiden schienen sich nicht zu mögen.

Manchmal hatte Iris richtig Angst vor Sina und Lilia konnte die beiden nicht allein spielen lassen. Dabei war Sina nicht böse oder so, sie bemühte sich auch um Iris, aber irgendwie klappte das zwischen den Kindern nicht. Das fanden zwar beide Mütter schade, aber ändern konnten sie wenigstens zurzeit nichts daran.

Also ging Lilia eines Morgens mit Iris in eine Krabbelgruppe im nächsten Dorf. Dort gab es einen großen Raum.

Ein Teil des Raumes war mit dicken Teppichen ausgelegt und darauf waren einige Spielsachen. In dem anderen Teil des Raumes standen ein paar Tische und bequeme Stühle für die großen Leute.

Außerdem gab es noch einen großen Flur, in dem eine ganze Kolonne von Kinderwagen stand und eine Garderobe, wo ganz viele Schneeanzüge von den kleinen Menschen hingen und dicke Jacken und Mäntel von den großen Leuten.

Iris fand das ganze sehr spannend und war auch arg neugierig. Sie spürte, dass Lilia aufgeregt war und war nun auch etwas unruhig, weil sie nicht so genau wusste, was denn nun geschehen würde. Lilia hatte ihr erzählt, dass Marianne mit ihrem Sohn auch in der Gruppe sein würde und dass sie sich darauf freute, mit dieser alten Schulfreundin, die sie neulich beim Einkaufen wieder getroffen hatte, zusammen in die Krabbelgruppe zu gehen.

Ein bisschen komisch fand Iris das Ganze schon: damit sie pünktlich kamen, mussten sie sich zuhause beeilen, das heißt, Iris durfte nicht während des Frühstücks rumtrödeln und Löcher in die Luft gucken, sondern musste „schnell" essen. Außerdem kontrollierte Lilia nach dem Frühstück die Kleider noch einmal sehr genau und schaute nach, ob alles sauber war. Das galt auch für die Windel, was Iris ziemlich blöd fand, so dass sie ihren Protest laut äußerte. Und nach all dieser Aufregung fuhr man dann in dem Auto zu einem Ort, wo sich andere Frauen und Kinder aufhielten, um miteinander zu reden und zu spielen. Iris konnte sich das gar nicht vorstellen. Aber gut, jetzt war sie da und nun wollte sie auch sehen, was das ganze bedeutete.

Lilia nahm sie an der Hand und stieg mit ihr die Treppen rauf. Iris war stolz darauf, dass sie mittlerweile auch einige Stufen steigen konnte. Oben zogen sie dann die Wintersachen aus und begrüßten Marianne und ihren Sohn Kim, die im Vorraum auf sie gewartet hatten.

Kim war gerade dabei, an seinen Hausschuhen zu spielen, die aussahen wie Hunde und Ohren zum Spielen hatten. Als er hörte, dass seine Mama Lilia und Iris begrüßte, schaute er neugierig auf und fing an zu lachen.

Iris war ganz verblüfft und schaute ihn ebenfalls an – und fing auch an zu lachen und sich zu freuen.

Die beiden Mütter standen daneben und wunderten sich, aber das nahmen die beiden Kinder nicht wahr, sie sahen nur sich und freuten sich. Kim ging auf Iris zu, nahm sie an der Hand und führte sie plappernd in den großen Raum. Dort setzten sie sich zusammen auf den Teppich und schienen sich in ihrer Sprache zu unterhalten.

Iris hatte Kim sofort wieder erkannt. Er war ein alter Freund, sie kannten sich sozusagen von früher. Manchmal ist das so, dass Menschen sich aneinander erinnern, obwohl sie

sich in diesem Leben noch nie gesehen hatten. Kim und Iris hatten vor nicht langer Zeit in einem anderen Leben miteinander zu tun und sie konnten sich noch beide daran erinnern. Sie waren damals Freunde gewesen und hatten viel miteinander erlebt.

Sie hatten sich außerdem versprochen, dass sie sich wieder treffen und als die kleine Seele sich ihren Platz suchte, hatte sie nicht nur nach Lilia und Marco Ausschau gehalten, sondern auch nach anderen, die sie kannte. Aber sie konnte natürlich nicht wissen, dass sie Kim schon in der Krabbelgruppe wieder treffen würde. Es hätte genauso gut sein können, dass sie sich beim Spielen auf dem Spielplatz das erste Mal gesehen hätten oder im Kindergarten, in der Schule oder im Bus. Die kleine Seele wusste nur, dass er im nächsten Dorf von Lilias und Marcos Hof wohnte und dass er in diesem Leben ein kleiner Junge war, der etwa ein halbes Jahr älter war als sie.

Deshalb sprach er auch schon besser als sie und er erzählte ganz viel von seinem Leben, von Marianne, seiner Mama, von seinem Papa und auch von seinem großen Bruder Max, der schon im Kindergarten war. Irgendwann beim Erzählen legte er eine Hand auf seine Brust und sagte: „Kim Freund von Iris." Iris verstand ihn sofort, lachte und sagte: „Idi Feund Tim", was er sofort verstand, wenn es auch nicht ganz richtig ausgesprochen war und freute sich ebenfalls.

Währenddessen saßen Marianne und Lilia bei den anderen Frauen und wunderten sich über ihre beiden Kleinen. Gleichzeitig freuten sie sich aber sehr mit ihnen. Sie schauten ihnen zu und sahen mit Freude, dass sie auch miteinander spielten.

Kim holte ein Spielzeugauto, zeigte es Iris und gab es ihr. Dann holte er ein zweites Auto und behielt es für sich, zeigte ihr aber, was er damit machte, und Iris wiederholte es mit ihrem Auto. Dann fuhr sie mit dem Auto in eine andere Richtung und rief ihn „Tim tom!", was er auch tat. Sie hatten großen Spaß dabei.

Nach einer Weile tauschten sie die Autos und als ihnen langweilig wurde, machten sie sich zusammen auf die Suche nach weiteren interessanten Sachen und landeten bei einer Kiste mit Klötzen. Sie fingen an, die Klötzchen herauszuholen, sich zu zeigen und nebeneinander zu legen. So spielten sie fröhlich miteinander.

Die anderen zehn Kinder interessierten sie gar nicht. Im Gegenteil, jedes, das neugierig kam und etwas von ihnen wollte, wurde zunächst nicht beachtet. Wenn es aber sein Interesse deutlicher bekundete, wehrten sie beide den Kontakt freundlich, aber entschieden ab.

Als es dann Zeit war, wieder zu gehen und beide Mütter ihr Kind aufnahmen, fingen Kim und Iris beide an zu schreien und sich mit Händen und Füßen zu wehren. Erst als Marianne und Lilia beiden versprachen, dass sie sich innerhalb der Woche bis zur nächsten Krabbelgruppe einen Vormittag bei Lilia treffen würden, kehrte wieder Ruhe ein und die Tränen versiegten. Sie nahmen dann Abschied voneinander und als Iris in ihrem Kindersitz im Auto saß, war sie so müde, dass sie sofort einschlief. Sie träumte von Kim von heute und sie träumte von ihm von früher und Isis saß neben ihr und half ihr, sich zu erinnern.

⭐ Nachwuchs kündigt sich an

An einem Nachmittag im frühen Herbst spielte Iris auf der Wiese. Lilia arbeitete mit Marco im Garten und sie hatten Iris mitgenommen, die es sehr genießt, wenn Mama und Papa beide in der Nähe sind. Es war ein wunderschöner noch warmer Nachmittag, die Sonne schien und Iris erschien die Welt golden. Sie saß im Gras und spielte mit ein paar Spielsachen. Dabei brabbelte sie vor sich her und erzählte sich eine Geschichte.

Als sie so versunken war, spürte sie auf einmal, dass sich etwas veränderte, es schien ihr, als wäre noch jemand viertes dazugekommen. Sie schaute sich um und sah mit ihren menschlichen Augen niemanden. Das Gefühl blieb aber und so schaute sie noch einmal genau – und zwar mit ihrem Gefühl und ihrem inneren Auge: da nahm sie eine kleine Lichtkugel wahr, die im Garten umherflog und auch immer wieder bei ihr vorbeikam.

Für Iris war dies nichts Neues, sie kannte es, manchmal kam ja die Urgroßmutter vorbei und schaute nach ihr, aber auch andere Geistwesen besuchten ab und zu den Hof. Mit manchen hatte Iris auch geredet, einige von ihnen waren auf der Suche nach dem Platz, wo sie wieder inkarnieren wollten, andere reisten und kamen auf ihren Weg vorbei. Es gab unterschiedliche Gründe für ihr Kommen und Gehen.

Dieses Mal war es Iris wichtig, mit dem Lichtwesen in Kontakt zu kommen. Sie rief es deshalb zu sich. Die kleine Kugel kam auch zu ihr und setzte sich zu ihr ins Gras. Iris fragte sie, wozu sie denn gekommen sei. Das Wesen erzählte ihr, dass sie im Moment im Zwischenraum lebte und dass nun der Zeitpunkt gekommen sei, wo sie wieder inkarnieren sollte. Sie sei dabei, sich ihren Ort zu suchen und hier würde es ihr gefallen. Außerdem hätte sie vor langer Zeit jemandem versprochen, dass sie sich wieder treffen, und der Treffpunkt sei die alte Kastanie.

Iris hörte mit großen Augen zu und etwas in ihr freute sich, als sie hörte, dass die Seele auf der Suche nach einem Geburtsort sei. Iris mochte die alte Kastanie sehr und liebte es, ihrem Rauschen zu zuhören und auch ihren Geschichten.

Als das Lichtwesen nun erzählte, dass die Kastanie ein Treffpunkt sei, erinnerte sich etwas in ihr, das ihr zuflüsterte: ‚ja, erinnere dich, du hast auch einmal versprochen, jemanden wieder zu treffen bei der alten Kastanie.'

So langsam dämmerte es Iris, dass sie sich mit der kleinen Seele verabredet hatte. Und sie lachte aus ganzem Herzen, weil sie sich unbändig freute.

Leider kann man als Menschenkind eine Lichtkugel nur schwer umarmen, also wollte Iris sie wenigstens sofort in die Hände nehmen und ihr einen Kuss geben. Da die Seele das Erinnern und die Freude von Iris spürte, konnte sie sich in die Hände nehmen lassen und nahm auch den Kuss an, obwohl sich das komisch für sie anfühlte.

Sie hatte Iris gleich erkannt und fühlte auch eine große Freude darüber. Da Iris aber nun ein kleines Menschenmädchen war, wusste sie nicht so genau, wie sie Kontakt mit ihr aufnehmen konnte. Es hätte sein können, dass Iris schon so sehr als Mensch lebte, dass sie sich nicht oder nicht sofort an die Seele erinnerte.

Aber Iris erinnerte sich daran, dass sie sich vor einigen Generationen, als sie ein Liebespaar waren, versprochen hatten, sich unter der Kastanie wieder zu treffen.

Iris rief Isis, die wie immer sofort kam, und fragte sie, ob sie sich richtig erinnerte. Isis lachte nur und meinte, dass sie ruhig ihrem Gefühl trauen könne. Dabei strich sie Iris liebevoll über den Kopf. Iris lehnte sich an sie und war ganz zufrieden. Außerdem konnte sie nun sehen, dass rund um die kleine Lichtkugel ein helles Feld war, ihr Schutzengel war also auch da.

Iris fragte die Lichtkugel: „Wie willst du denn wiederkommen?" Die Lichtkugel war ein kleiner Schalk und gab frech zurück: „Rat doch mal!"

Da fielen Iris ein paar Gesprächsfetzen ein, die sie in der letzten Zeit von Lilia und Marco gehört hatte, da waren Sätze gefallen wie „Meinst du nicht, es ist an der Zeit zu überlegen, ob Iris ein Geschwisterchen bekommt?" oder „Iris sollte bald ein Geschwisterchen bekommen, wir wollen nicht, dass sie als Einzelkind aufwächst". Außerdem hatte die Großmutter neulich Lilia ganz offen gefragt, ob sie denn nicht noch ein Kind haben wollten.

Lilia war daraufhin rot geworden, wie sie es immer wird, wenn sie etwas verlegen ist, und hatte ausweichend geantwortet.

Wenn Iris das alles berücksichtigte, blieb eigentlich nur eine Antwort übrig: „Du wirst mein Geschwisterchen!", was die kleine Lichtkugel dazu veranlasste, schallend zu lachen und zuzustimmen.

Dann verabschiedete sie sich von Iris, die sich daran erinnerte, dass sie damals auch immer wieder zurück ins Sternenzelt geflogen war.

Iris und Isis gingen nun zusammen zu der Kastanie und setzten sich in ihren Schatten. Dann teilte Iris ihrer Baumfreundin mit, was gerade geschehen war und wie sie sich darüber freute. Die Kastanie hörte ihr aufmerksam zu und antwortete mit einem sanften Rauschen, das wie ein Lächeln war.

Mittlerweile waren Lilia und Marco mit der Arbeit fertig und schauten nach ihrer Kleinen. Da sie aber wussten, wie sehr Iris den alten Baum liebte, war ihnen klar, wo sie sie finden würden. Sie fanden eine zufriedene Iris, die sich köstlich über etwas zu amüsieren schien. Fröhlich gingen sie zusammen zurück ins Haus – und da Iris so gerne „Engelchen, Engelchen flieg!" spielte, nahmen ihre Eltern sie an den Armen und ließen sie ganz hochfliegen, was ihre Tochter zu lauten Juchzern veranlasste.

Als sie dann im Haus waren und Marco das Abendessen richtete, badete Lilia Iris und machte sie schon fertig für die Nacht. Als sie dann zusammen wie jeden Abend

überlegten, welche Spielsachen mit ins Bett kommen, hatte Iris neben ihrem Lieblings-knuddelteddy nur einen Wunsch, was sehr ungewöhnlich war: sie wollte ein Baby mit ins Bett nehmen. Deshalb suchten sie aus ihren Puppen ein Baby aus, das diese Nacht bei Iris schlafen sollte und legten es auf das Kopfkissen, wo es auf Iris warten würde.

Als Iris in dieser Nacht träumte, träumte sie von einem kleinen Mädchen, das bei ihnen wohnte und das sie anlachte.

☆ Zu Besuch bei Kim

An einem Vormittag war Iris ganz aufgeregt, denn Lilia hatte ihr beim Frühstück gesagt, dass sie wieder zu Kim fahren würden.

Sie waren jetzt schon einmal dort gewesen und Iris freute sich jedes Mal, wenn sie Kim sah und mit ihm spielen konnte.

Dieses Mal wollte sie ihm davon erzählen, dass sie wohl bald eine kleine Schwester be-kommen würde. Sie wusste ja, dass es schon Monate brauchte, aber sie fand das ganze einfach aufregend und wollte es mit ihrem Freund teilen.

So konnte es sie kaum erwarten, dass es losging, und nervte Lilia damit, dass sie ihre Schuhe anzog, ihre Jacke holte und auch ihre wichtigen Spielsachen alle an die Türe schleppte und dort ablegte – und dann lauthals verkündigte: „Fertig!"

Dabei musste Lilia vorher einiges fertig machen und auch noch telefonieren. Es war also Iris Geduld gefragt, aber endlich ging es los. Sie fuhren in das nächste Dorf, wo Kim mit seiner Familie wohnte.

Zu der Familie gehörten sein Papa Klaus, der ganz oft auf Reisen für seinen Beruf war, er war nämlich Fotograf. Außerdem gehörten seine Mama Marianne dazu und sein großer Bruder Max. Max hatte einen kleinen Hund, der Frido hieß. Am Anfang war Iris etwas schüchtern gewesen, als Frido auf sie zusprang und sie freudig begrüßte, aber mittlerweile mochten sie sich sehr und tollten manchmal ziemlich wild auf dem Boden rum.

Marianne hatte Max schon vom Kindergarten abgeholt und für alle ein Mittagessen gekocht. Es gab auf ausdrücklichen Wunsch der Kinder mal wieder Nudeln mit Tomatensoße. Für die beiden Frauen gab es noch einen Salat dazu, den aber keines der Kinder mochte.

Als sie am Essen saßen, gab es auf einmal einen lauten Knall, so dass alle sich ganz erschrocken umschauten und gerade noch sahen, wie ein kleiner Vogel, der gegen die Terrassentüre geflogen war, auf den Boden fiel. Alle sprangen auf, Marianne öffnete die Türe und sie gingen hinaus auf die Terrasse, wo der kleine Vogel lag. Er war ganz betäubt und

rührte sich nicht. Lilia nahm ihn vorsichtig in die Hände und hielt ihn, sie spürte, wie sein Herz ganz aufgeregt pochte. Sie gab ihm ein bisschen Energie und spürte, wie er sich entspannte. Die drei Kinder standen ganz aufgeregt um sie herum und fragten, was denn los sei. Sie sagte ihnen: „Ich glaube, er stirbt, er hat sich so erschrocken und so verletzt, dass er keine Kraft mehr hat. Ich spüre, wie er sich langsam entspannt und sein Herz immer leiser schlägt."

Während sie das sagte, ließ sie die Kinder das kleine Köpfchen streicheln und dann sahen sie alle, dass das Vögelchen die Augen schloss und starb. Lilia spürte in ihren Händen richtig, wie er noch einmal ausatmete und dann war er tot.

Sie hielt ihn in den Händen und alle überlegten sie, was sie nun machen sollte. Max sagte, dass er eine kleine Schachtel hat, da könnten sie ihn reinlegen und dann im Garten beerdigen. Er rannte los und holte die Schachtel.

Iris hatte für ihre Puppe ein kleines Tuch mitgebracht, das sie nun holte. Sie wollte dem Vögelchen damit ein weiches Bettchen machen. Also legte sie das Tuch in Max Schachtel.

Lilia legte den Vogel vorsichtig darauf und dann steckte Kim noch eine rote Blume, die er im Garten gepflückt hatte, in das Kästchen. Nachdem alle das Vögelchen noch einmal gestreichelt hatten und Tschüss gesagt hatten, machten sie den Deckel darauf und schlossen die Schachtel.

Dann suchten sie miteinander einen Platz und einigten sich zusammen, ihn unter dem Kirschbaum zu begraben. Marianne holte einen Spaten und dann grub sie ein Loch, in das das Kistchen passte. Sie legte die kleine Kiste in das Loch und schaufelte es wieder zu. Dann klopfte sie die Erde fest und Max hatte inzwischen entschieden, dass sie noch eine Blume auf das Grab pflanzen würden und hatte schon ein Töpfchen mit Winterastern geholt, die auf der Terrasse standen. Marianne stimmte zu und so schmückten sie das Grab.

Max fragte dann ganz vorsichtig. „Ist denn jetzt das Vögelchen wirklich in dem Kästchen?" Marianne antwortete ihm: „Ja, sein kleiner Körper ist in dem Kästchen, das hast du ja gesehen und auch gefühlt, aber seine Seele, die ist jetzt auf dem Weg in das Sternenzelt!"

Als Iris das hörte, freute sie sich und fing an, glücklich zu lachen. Lilia freute sich, dass Marianne es ihrem Sohn so erklärte, wie sie es auch Iris erklärt hätte. Und dann stimmte sie ein Lied an.

„Vöglein flieg, Vöglein flieg,

bis in den Himmel zu den Sternen

und wenn du wiederkommst,

erzähl uns von dort."

Kim und Iris standen Hand in Hand neben dem Grab und schauten in den Himmel, während Max fragte, ob denn der Tod schlimm sei. Marianne sagte ihm, dass er zum Leben gehört, genau wie das Geborenwerden – und beides seien Türen zu anderen Welten, und das Vögelchen sei jetzt einfach hinüber gegangen, so wie er bei der Geburt herübergekommen sei.

Da fragte Max, ob er denn auch schon gestorben sei. Da mussten Kim und Iris einfach antworten und das taten sie wie im Chor: „Ja!" und dann lachten sie alle ganz erleichtert. Ja, sie waren alle schon oft geboren worden und sie waren alle schon gestorben, um dann irgendwann auch wieder kommen zu können. Das fühlten sie alle und so konnten sie nach einem Blick auf das kleine Grab unter dem Kirschbaum wieder ins Zimmer gehen und weiter essen. Es wartete noch der Nachtisch auf sie.

Als die Kinder dann miteinander spielten, setzten sich die beiden Frauen zusammen hin und sprachen noch einmal darüber, wie schön sie es fanden, dass sie die Dinge gleichsehen – und Geburt und Tod für beide von ihnen Tore des Übergangs waren. Sie fühlten sich dadurch sehr miteinander verbunden.

 Das kleine Volk

Der Winter war nun vorbei und langsam kam der Frühling wieder. Iris freute sich sehr darüber, denn sie mochte es, wenn die Tage wieder länger werden und wenn der Schnee taut. Dann wird Marco wieder sehr geschäftig, denn in diesen Monaten gibt es in der Gärtnerei viel zu tun. Er zieht dann mit seinen Samen neue kleine Pflänzchen im Gewächshaus und wenn sie etwas größer sind, pflanzt er sie in ganz viele kleine Töpfchen, um sie zu verkaufen. Das ist eine Arbeit, die er jedes Jahr wieder gerne macht, weil er es mag, wenn alles anfängt zu wachsen. Er ist dann immer fröhlich und pfeift ein Lied vor sich hin.

Ja, und Iris mag den Frühling, weil sie dann wieder viel mehr draußen sein kann und die Kastanie besuchen darf – und weil sie im April Geburtstag hat. Dann gibt es eine leckere Torte, die die Großmutter für sie backt, und natürlich auch Geschenke.

Als ihr Geburtstag naht, wird Iris immer aufgeregter, sie ist neugierig, was sie denn alles geschenkt bekommt. Aber am meisten freut sie sich, dass es warm ist und die Sonne scheint.

Am Tag vor ihrem Geburtstag spielt sie im Garten unter der Kastanie und erzählt wieder wie so oft vor sich hin. Das meint auf jeden Fall Lilia, als sie bei ihr vorbeikommt.

Mittlerweile sieht man Lilias Bauch schon sehr und manchmal fühlt sie sich dick und behäbig. Es sind nur noch wenige Wochen bis zur Geburt.

Als sie in Iris Nähe kommt, hört sie folgende Worte von ihrer Tochter. „Ja, ihr Zwerge, morgen habe ich Geburtstag. Ich werde schon drei Jahre alt. Bald darf ich in den Kindergarten, dann bin ich schon richtig groß." Es folgte eine Pause und dann hörte sie Iris ganz empört sagen: „Natürlich vergesse ich euch nicht. Ihr seid doch meine Freunde und Freundinnen. Und wenn ich noch so alt werde, ich weiß, dass einige von euch in der Kastanie wohnen und ihr euch immer wieder hier trefft zu euren Festen und zu euren Ratsversammlungen. Deshalb mag ich den Platz ja so, weil ihr hier seid und weil ihr auf eure Weise die Kastanie pflegt." Lilia war ganz überrascht und gleichzeitig ein bisschen beschämt, weil sie nicht lauschen wollte, aber Iris sprach so laut und schien wirklich ärgerlich. Lilia zog sich deshalb leise zurück, ohne sich bemerkbar zu machen.

Iris nahm sie auch nicht wahr, sondern setzte sich in das Gras und sang für ihre Zwerge ein Lied. Vor ihren Augen sah sie die Zwerge tanzen und sich im Kreis drehen. Einige von ihnen waren schon so mutig und nahmen ein erstes Bad in dem kleinen Bach, der unter der Kastanie vorbeifloss. Dabei jauchzten sie voller Freude. Auch den großen Troll sah Iris, der die Zwerge bewachte und auf sie aufpasste. Er saß auf einem Stein und hielt seinen Rücken so krumm, dass einige Zwergenkinder ihn als Rutschbahn benutzen konnten.

Vor Iris stand der Chef. Er hatte ihr gerade erzählt, dass Menschenkinder, wenn sie älter werden, ganz oft verlernen, das kleine Volk wahrzunehmen und vergessen, dass sie ihre

Freunde sind. Aber das konnte sich Iris überhaupt nicht vorstellen, für sie waren die Zwerge da, sie gehörten einfach in den Garten. Sie wusste auch, dass die Zwerge sich auf dem Hof von Lilia und Marco sehr wohl fühlten, weil die Elfen und Feen ihnen immer wieder erzählten, wie liebevoll Marco mit den Pflanzen umging. Außerdem erzählten Amea und Cleo ihnen, wie gut sie sich bei Lilia aufgehoben fühlten. Iris fand das selbstverständlich, für sie waren ihre Eltern die liebsten Menschen und es schien ihr deshalb natürlich, dass auch das kleine Volk sich auf dem Hof wohlfühlte.

Sie nahm sich fest vor, Lilia nach den Zwergen zu fragen, weil sie sich nicht vorstellen konnte, dass Lilia nichts von ihnen wusste. In ihrem Garten hatten sie ganz viele Gartenzwerge stehen – und die sahen fast aus wie die echten. Manchmal hatte Iris sie sogar miteinander verwechselt.

Mittlerweile war Lilia zurück ins Haus gegangen, um die Torte für den Geburtstag zu backen. Auf der einen Seite war sie verblüfft über das, was sie gehört hatte. Sie hatte nicht vermutet, dass Iris die Zwerge kannte und sie ihre Freundinnen und Freunde waren.

Auf der anderen Seite wusste sie darum, dass die Zwerge in ihrem Garten wohnten, und manchmal stellte sie ihnen Früchte und Nüsse in den Garten – vor allem im Winter. Das hatte sie so von ihrer Mutter gelernt, die hellsichtige Augen hat. Lilia selbst nahm die Zwerge nicht so deutlich wahr, dass sie mit ihnen hätte reden können, aber es war für sie klar, dass es sie gab. Und deshalb dachte sie sich, dass sie eine große Torte für die

Menschen backen würde und eine kleine für die Zwerge, damit sie auch etwas Leckeres zu Iris Geburtstag hatten.

Es dauerte nicht lange, da kam Iris aus dem Garten zurück und kam zu ihr in die Küche. Sie setzte sich an den Tisch und stützte ihren Kopf auf beide Arme, wie immer, wenn sie sehr ernst war, und sah Lilia mit großen Augen an: „Mama, weißt du, dass in unserem Garten die Zwerge wohnen?"

Lilia schmunzelte in sich hinein und antwortete fröhlich. „Ja, Iris, das weiß ich – und deshalb habe ich zwei Torten gebacken – eine für uns Menschen und eine für deinen kleinen Freundinnen und Freunde." „Oh, Mama, wirklich?! Das ist aber schön... du bist die liebste Mama der Welt!", rief Iris und lachte fröhlich. Dabei sprang sie von ihrem Stuhl und umfing Lilias Beine ganz feste, so dass Lilia sich bückte und dann ungestüm von Iris umarmt wurde, einen dicken Kuss erhielt und fast keine Luft mehr bekam.

Als die Torten dann aus dem Ofen kamen und Lilia sie verzierte, half Iris ihr dabei und machte ganz glücklich eine bunte kleine Zwergentorte fertig.

Sie konnte es kaum erwarten, sie den Zwergen zu bringen – und wollte das sofort tun, obwohl sie eigentlich erst am nächsten Tag Geburtstag hatte.

Als Lilia ihre Ungeduld sah, nahm sie ihre Tochter auf den Schoß, die sich gegen den Bauch lehnte, wo Iris manchmal schon das Kleine spüren konnte und dann aufmerksam zuhörte, weil sie wusste, dass Lilia ihr nun etwas erzählen wollte.

Und da begann sie auch schon: „Weißt du, Iris, hier in diesem Land haben vor gar nicht langer Zeit viele Menschen gewohnt, die davon überzeugt waren, dass ein Tag immer schon am Abend vorher anfängt. Das gilt für alle Tage, aber sie haben einen besonderen Tag in der Woche, da wird das ganz deutlich. Es ist der Tag, an dem sie die Arbeit ruhen lassen und sich daran erinnern, dass Gott sie liebt und segnet - und ihnen deshalb die Erde geschenkt hat. Weißt du, es gibt bei ihnen die Geschichte, dass Gott die Welt in sechs Tagen erschaffen hatte und selbst auch am siebten Tag ruhte. Die Menschen sollen es genauso machen und sich an die Liebe Gottes zu ihnen ganz besonders erinnern.

Und damit sie den Anfang des neuen Tages nicht verpassen und ihn auch in Ruhe beginnen, richten sie schon alles am Tag vorher und wenn sie alles fertig haben, zünden sie zwei Kerzen an und erwarten den neuen Tag, auf den sie sich freuen. Dann können sie gelassen schlafen gehen, weil alles vorbereitet ist – und sogar schon das Licht brennt, das den neuen Tag begrüßt, wenn sie schlafen. Das ist eine alte Tradition, die aus der Zeit stammt, als das Feuer machen noch ganz viel Arbeit war, weil es keine Streichhölzer gab. Und da der Schabbat der Tag der Ruhe ist, musste das Feuer schon am Abend vorher angezündet werden, verstehst du?"

Iris hatte aufmerksam zugehört und fand die Idee einen Tag ohne Arbeit einfach nur zur Freude darüber, dass Gott sie liebt, total schön – und sie verstand, dass Lilia ihr auch sagte, dass sie die Torte schon jetzt zu den Zwergen bringen konnte, weil ihr Geburtstag eigentlich schon jetzt anfängt.

Dennoch war sie neugierig noch mehr von den Menschen zu erfahren, die so schöne Dinge tun, und deshalb fragte sie Lilia, wer sie denn waren und sind. Lilia antwortete ihr, dass diese Menschen Juden heißen und dass sie viel von ihnen weiß, weil eine ihrer Großmütter Jüdin war. So hatte sie viele Lieder von ihrer Großmutter gehört. Lilia erinnerte Iris an die eine Weise, die sie ihr immer vorsang, wenn sie nicht schlafen konnte, es war ein Lied ohne Worte. Iris mochte es sehr, weil es zugleich traurig und fröhlich war- und weil es ihr Herz berührte.

Lilia sang es ihr vor und Iris kuschelte sich ganz eng an sie – und vergaß fast die Torte, so schön war es. Aber dann fiel sie ihr ein und sie sprang von Lilias Schoß, nahm die Tortenplatte mit der schön verzierten Torte ganz vorsichtig in die Hände und ging hinaus in den Garten zur Kastanie.

Lilia stand in der Tür und schaute ihr nach. (Sie war ein wenig schwermütig, wusste sie doch, dass sie Iris irgendwann mehr erzählen würde zu den Ereignissen, die auch zu ihrer Familiengeschichte gehörten. Die Großmutter hatte die Zeit des Nationalsozialismus überlebt, weil sie sich in Frankreich versteckt halten konnte. Aber noch fand sie Iris zu klein dazu, aber sie konnte sie schon jetzt hineinnehmen in die Tradition, in die Riten und Bräuche, die ihre eigene Kindheit geprägt hatten und ihr bis heute wichtig sind.)

Iris war mittlerweile bei den Zwergen angekommen, die gerade beim Abendessen zusammensaßen. Sie stellte die Torte in ihren Kreis und erzählte ihnen, dass Lilia ihr gesagt habe, der nächste Tag fängt eigentlich schon am Abend vorher an und deshalb würde sie ihnen die Torte schon jetzt bringen. Die Zwerge kannten dieses Verständnis und freuten sich, sie wünschten Iris einen wunderschönen Geburtstag. Und dann naschten sie alle gemeinsam schon etwas von der Torte, denn auch Zwerge können manchmal nicht abwarten.

Iris hüpfte danach fröhlich zurück in die Küche und freute sich, dass Marco in der Zwischenzeit gekommen war, da konnte sie ihm gleich alles erzählen und ihn sicher zum hundertsten Mal fragen, was sie denn zum Geburtstag geschenkt bekommen würde.

☆ Iris Geburtstag

Am nächsten Morgen war Iris ganz früh wach. Sie lag in ihrem Bett und freute sich darüber, wie es langsam hell wurde. Und sie war ganz kribbelig, endlich war ihr Geburtstag! Sie wurde schon drei Jahre alt. Nach dem Frühstück würden Kim und seine Mutter vorbeikommen, dann könnten sie mal wieder zusammenspielen. Und nachmittags würden ihre Großeltern kommen. Auf Lilias Mutter, die sie Omama nannte, freute sie sich besonders. Außerdem würde die Omama länger bleiben, da Lilia mittlerweile jeden Tag auf das neue Baby wartete. Die Großmutter wollte Lilia helfen und Iris versorgen. Außerdem

würde sie einen leckeren Kuchen für Iris mitbringen – und Omamas Kuchen mochte Iris immer.

Iris schlüpfte aus ihrem Bett und rannte hinüber ins Schlafzimmer der Eltern, die beide noch schliefen. Das hinderte Iris aber nicht daran, sie zu wecken und fröhlich daran zu erinnern, dass sie heute Geburtstag habe. Die beiden hatten am Abend vorher schon einen kleinen Tisch mit Blumen geschmückt – natürlich mit blauen Iris – und zwei Päckchen daraufgelegt. Dorthin gingen sie nun mit der neugierigen Iris, deren Augen sofort auf den Roller fielen, der an dem Tisch lehnte. Sie jauchzte auf, denn ihr war sofort klar, dass sie nun noch größere und vor allem schnellere Ausflüge würde machen können. Marco musste sie daran hindern, den Roller im Zimmer auszuprobieren und ihr fest versprechen, dass nach dem Anziehen, und zwar noch vor dem Frühstück ein kleiner Ausflug anstand.

Dann wandte sich Iris den Päckchen zu, sie wickelte ein Spiel aus, das sie schon mit Kim gespielt hatte und sehr mochte, es ging um Kaninchen, die Mohrrüben suchen. Und das andere Päckchen enthielt ein Wimmelbuch. „Klasse!", freute sie sich und umarmte ihre Eltern beide fest.

Als am Nachmittag die Großeltern kamen, Kim war auch noch da, war Iris schon müde von dem Feiern, dem Spielen, dem Roller fahren, dem Erzählen und allem Drum rum. Sie freute sich deshalb, dass die Omama sie und Kim zu sich aufs Sofa holte und ihnen eine Geschichte erzählte, das konnte sie nämlich gut:

„Es war einmal ein kleiner oranger Punkt, der war traurig, denn er war allein. Also machte er sich auf den Weg, um Freundinnen und Freunde zu suchen. Als erstes traf er einen gelben Punkt, der allein auf einem Stein saß. Er fragte ihn, ob er mitkommen wollte. Der gelbe Punkt dachte sich, dass er besser mitkäme, als weiterhin allein zu sein. So nahmen sie sich an die Hand und liefen zusammen weiter. Als nächstes begegnete ihnen ein grüner Punkt, der auch mitkommen wollte, und danach ein blauer Punkt. Sie hielten sich an den Händen, weil es ein schönes Gefühl war – und weil ihnen der Gedanke kam, sie könnten Regenbogen spielen. Deshalb machten sie sich auf die Suche nach einem lila Punkt und einem roten.

Sie fanden sie auch und dann sangen sie zusammen das Lied „Ein bunter Regenbogen ist übers Land gezogen..." und freuten sich sehr, dass sie sich gefunden hatten. Und ganz viel andere Punkte wollten mitmachen, als sie diesen lebendigen Regenbogen sahen und hörten. So entstand ein ganz großer Regenbogen aus vielen kleinen bunten Punkten, die alle nicht mehr alleine waren."

Als die Großmutter fertig war mit dem Erzählen, wollten Iris und Kim sofort einen großen Regenbogen malen.

Einige Stunden später wurde eine müde, aber glückliche Iris von der Großmutter ins Bett gebracht. „Omama, jetzt bin ich schon groß!" „Ja, meine Kleine, jetzt bist du schon groß..." „Ja, und es war ein schöner Tag!", sagte Iris bereits schlaftrunken und dann

konnte die Großmutter noch hören, wie Iris murmelte: „Ich bin gerne hier.", dann schlief sie bereits.

Die Großmutter strich ihr liebevoll und voller Zärtlichkeit über den Kopf und sprach leise zu sich: „Ja, du bist jetzt ganz auf der Erde angekommen, Kleine, und es dauert nicht lange, da begrüßen wir zusammen das nächste Sternenkind hier!" Dann schloss sie leise die Tür hinter sich, um Iris Träume nicht zu stören.

☆ Nachwort

Ich danke meiner Cousine und ihren beiden Mädels sowie allen, die die Geschichten gelesen haben und mich dazu ermutigten, sie zu veröffentlichen.

Ich schließe mit meinem Lieblingsgedicht von Rainer Maria Rilke, das mich schon lange begleitet:

> Ich lebe mein Leben in wachsenden Ringen,
> die sich über die Dinge ziehn.
> Ich werde den letzten vielleicht nicht vollbringen,
> aber versuchen will ich ihn.
>
> Ich kreise um Gott, um den uralten Turm,
> und ich kreise jahrtausendelang;
> und ich weiß noch nicht: bin ich ein Falke, ein Sturm
> oder ein großer Gesang.

 **Über die Autorin**

Edith Maria Sauerbier versteht sich als Reisende und lebt zwischen Frankfurt/Main und Köln auf dem Land. Sie ist Trainerin und Ausbilderin in Gewaltfreier Kommunikation nach Marshall Rosenberg, Mediatorin und Trauerrednerin. Seit vielen Jahren begleitet sie Menschen in verschiedenen Lebenssituationen.

www.mediation-und-kommunikation.de